# 4

## 斗破苍穹

君玉离 萧十二 编著

浙江工商大学出版社
ZHEJIANG GONGSHANG UNIVERSITY PRESS
·杭州·

## 图书在版编目（CIP）数据

春秋 / 君玉离，萧十二编著 . —杭州：浙江工商大学出版社，2022.9

（有料更有趣的朝代史 / 胡岳雷主编）

ISBN 978-7-5178-4832-5

Ⅰ . ①春… Ⅱ . ①君… ②萧… Ⅲ . ①中国历史—春秋时代—通俗读物 Ⅳ . ① K225.09

中国版本图书馆 CIP 数据核字（2022）第 021191 号

## 春 秋
### CHUN QIU

君玉离　萧十二　编著

| 责任编辑 | 王　耀　张晶晶 |
|---|---|
| 责任校对 | 何小玲 |
| 封面设计 | 吕丽梅 |
| 责任印制 | 包建辉 |
| 出版发行 | 浙江工商大学出版社 |
|  | （杭州市教工路 198 号　邮政编码 310012） |
|  | （E-mail: zjgsupress@163.com） |
|  | （网址：http://www.zjgsupress.com） |
|  | 电话：0571-88904980，88831806（传真） |
| 排　　版 | 北京东方视点数据技术有限公司 |
| 印　　刷 | 唐山富达印务有限公司 |
| 开　　本 | 787mm×1092mm　1/32 |
| 印　　张 | 28 |
| 字　　数 | 536 千 |
| 版 印 次 | 2022 年 9 月第 1 版　2022 年 9 月第 1 次印刷 |
| 书　　号 | ISBN 978-7-5178-4832-5 |
| 定　　价 | 198.00 元（全四册） |

## 版权所有　侵权必究

如发现印装质量问题，影响阅读，请和营销与发行中心联系

联系电话　0571-88904970

# 目 录

## 第一章 大国筹码，制衡楚国的工具

谦让出个吴国来 _ 003

公子季札的留学之旅 _ 008

庆封之死 _ 017

吴国压制楚国 _ 024

专诸刺王僚 _ 030

要离刺庆忌 _ 036

念念不忘的杀父之仇 _ 044

## 第二章 昙花一现，吴王夫差短暂称霸

报仇其实不难 _ 053

北进中原 _ 060

战争的推动力 _ 067

请把我的眼睛挂在城墙上 _ 074

黄池之会,吴国霸主出炉了 _ 081

**第三章 最后霸主,春秋争霸的收梢**

会稽山下 _ 091

养马尝粪的越王 _ 097

卧薪尝胆,十年生聚 _ 103

越王勾践破吴归 _ 109

泛舟五湖,范蠡与文种的结局 _ 116

最后的霸主——勾践 _ 123

**第四章 儒道源头,与老子、孔子携行**

一骑青牛翩然游世 _ 131

老子的爱好 _ 139

"私生子"孔丘 _ 145

"仁"字为先的政治生涯 _ 152

出外游学不容易 _ 159

## 第五章 百家先声，悉数文化之祖

此孙子非孙子 _ 169

战神秘籍 _ 177

神奇的发明家 _ 182

夜观天象的秘密 _ 189

尚法精神 _ 196

微言大义，《春秋》说了什么 _ 202

思无邪，史上最清纯的诗 _ 207

鬼斧神工《考工记》_ 212

# 第一章
## 大国筹码，制衡楚国的工具

# 谦让出个吴国来

时间到了春秋晚期,中原地区的各诸侯国公室衰落,大权纷纷落入卿大夫手中,各国之间的争霸也不再活跃,几乎陷入搁浅的境地。因此,争霸的焦点逐渐由北方转移到了南方地区,除了一向强大的楚国,吴国和越国也正在兴起。

对于吴国的起源主要存在这样一种说法。吴国的创建起源于太伯和仲雍两人。太伯和仲雍这两个人分别是周太王的长子和次子,在以长子继承制为传统的古代，作为周太王长子的太伯却没有继承周的家业而成为吴的创建者，这背后有着一个感人的故事。

周太王有三个儿子，除了长子太伯、次子仲雍外，还有一个小儿子季历。季历特别贤能，深得周太王的信任，但更为重要的是，季历有一个更为出色的儿子叫作昌，自幼便聪颖早慧。因此周太王很希望能将王位传给季历，并由他再传到昌的手上。然而，由于长子继承王位的传统，废长立幼是极大的忌讳，年长的儿子往往会因为不服而发动叛乱，引起国家的动荡，给社稷和百姓都带来灾难，因此周太王也不敢轻举妄动，只是看着一天天长大的昌逐渐变得郁郁寡欢。

细心的太伯发现了父王的心事，于是便与弟弟仲雍商量该如何解决此事。最后两人决定，借为父王采药之名结伴逃到"荆蛮"之地，并在身上刺上文身，还剪断了自己的头发，以表示不能再进入庙堂主持社稷，彻底断绝了自己继承王位的可能性，连周太王去世，二人也为了避嫌没有返回去主持丧事。他们这样做之后，季历就顺理成章地接过了周太王的王位，季历去世后又将王位传给了自己的儿子昌，成全了周太王的心愿。正是他们的退让，使姬昌成为了中国历史上享有盛名的周文王。

后人认为太伯和仲雍面对继承王位的机会做出了三次伟大的退让："太王薨而季历立，一让也；季历薨而文王立，二让也；文王薨而武王立，遂有天下，三让也。"又提出了另一种说法认为："太王病，托采药，生不事之以礼，一让也；太王薨而不返，使季历主丧，不葬之以礼，二让也；断发文身，示不可用，使历主祭祀，不祭之以礼，三让也。"无论怎样算，太伯和仲雍的行为都是在争权夺利、斗争激烈的王侯之家极为难得的父子兄弟之情和舍弃小我、成全国家的高尚情怀。

太伯逃到南方后，定居在了吴地，也就是今天的江苏无锡、苏州一带，当时此地还属蛮荒之地，尚未开化。正因为太伯的高尚品德令人钦慕，所以当他来到此地之后，人们都觉得他很有德行，于是便纷纷归附于他，最后竟多达一千多家。在这种情况下，人们便拥立太伯为吴太伯，吴国也就此建立。

武王灭商之后，派人四处寻找太伯与仲雍的后代，最后找到了周章。此时周章已经是吴地的领袖，于是武王便顺水推舟，将吴地封给了他。周章的弟弟虞仲也被封到了周王室北部，这就是后来的虞国。至此，太伯与仲雍作为周太王之子，他们的后代终于得到了应有的地位与封邑，吴国和虞国成为了周朝的诸侯国。

从太伯创建吴国算起，到第五代得到周天子的正式册封，其后代被分别封在中原地区的虞国和处于当时边远地区的吴国。到了第十二代，晋国先攻灭了位于中原地区的虞国。其后两代，边远地区的吴国得以兴起，从太伯建立吴国至吴王寿梦振兴吴国，总共传了十九代人，吴王寿梦正是仲雍的第十九代孙。

虽然吴国的起源已经被正统的编年史所接受，但是中国已故的著名历史学者童书业在他的著作《春秋史》中却提出了不同的看法。他在对《春秋》《左传》和《史记》这些史料进行了深入探究之后，认为太伯与仲雍逃到"荆蛮"的这种说法更具有传奇色彩，并"疑心吴、越的王室都是楚的支族"。最后，他又补充说："我近来又疑吴或本为汉阳诸姬之一，乃虞国的别封。其后东迁者，另有考证。"因而，对于吴国的起源，仍有完全不同的说法。

# 公子季札的留学之旅

鲁襄公十二年（公元前561年），吴王寿梦去世。他有四个儿子，长子诸樊，次子余祭，三子余眛，四子季札。季札自幼就敏学聪慧，具有君子之风，与人无争，吴王寿梦对他特别喜爱，便有意想要把王位传给他。可是季札却拒绝了父亲废长立幼的打算："对于王位的传承，国家礼法自有规定，怎能为了父子之间的私人感情而破坏先王的礼制呢？"于是，寿梦在临终前便对长子诸樊说:"我想把国家传给季札,但是他为了礼制不愿意接受,你万万不可忘记我的话。"然后嘱咐诸樊"必授国以次,及于季札",诸樊都一一应允。

吴王寿梦去世后,作为长子的诸樊决定先代理国政,等着国丧期满之后,再让季札即位为君。国丧期一过,诸樊让位给季札,但季札坚决不肯接受。可是吴国人非要拥立季札为君,季札无奈之下,只好抛弃了家室,跑到深山野林里种田为生,以表明自己的决心。吴国人看到季札如此坚决的态度之后,也就不再为难季札,让诸樊继续做吴国的君王。

吴王诸樊临死之前,把王位传给了二弟余祭,并将父亲的遗愿告诉他,嘱咐他说:"一定要把王位传给季札。"这是诸樊在完成先王寿梦的遗愿,同时也是在实现自己对先王的承诺。诸樊还把延陵封给了季札,因此季札又被称为"延陵季子"。

几年以后,季札被余祭派遣出使鲁国,从此,季札就开始了他周游列国之行。季札到了鲁国之后,欣赏到了留存下来的周人的音乐。鲁国的乐工为他歌咏了《周南》《召南》后,季札说道:"这些乐章真是太美了!可以听出周朝的礼教已经有了一定的基础,虽然不是十分完美,但也足够教化百姓让他们无怨无悔地为天子辛勤劳作了。"

接着,鲁国人又为他歌咏了《邶风》《鄘风》《卫风》的诗篇,季札听后评论说:"这些乐章音韵美好、意蕴深沉,用来教化人民会令他们有忧国忧民之思但不至于困惑难解。我听说卫康叔、武公的德行就是如此高尚,这些大概是卫国的民歌了。"

之后,鲁国人又为他歌咏《王风》,季札评论说:"太好了!这样的乐章表达了忧国忧民之情却没有恐惧感，应该是平王东迁后的民歌！"然而当《郑风》的音乐响起，季札却皱起了眉头说："音乐如此烦琐细腻，郑国的政令恐怕也会苛刻繁细，人民如何能够承受？郑国恐怕会先灭亡，原因就在于此！"

细碎的《郑风》过后是悠扬的《齐风》，季札由衷地赞叹道："太美了！音域宽广宏大，正是大国的风采！可以作为东部沿海国家的表率，这应当是姜太公的封国了，由此可见，齐国的未来不可限量啊！"

听到《豳风》后，季札评论说："这曲子也很优美，既大胆展现人民的欢快之情，又不至于沦为淫荡之声，这想必是周公东征时的诗篇！"随后是铿锵的《秦风》，季札评论说："这应该就是地处西方的夏声了！夏声如此宏阔至极无与伦比，这些应该是周朝旧地的民歌了！"

之后，季札又听了《魏风》，然后高兴地说：

"声音洪亮但曲调婉转，形式简约而且十分流畅，如果有德行高尚的贤人辅佐，一定可以成就英明的君主！"此后，季札又听了《唐风》，感慨地说道："忧思如此深远，应当是陶唐的遗民子孙了，唯有贤德之后，才能有如此的境界。"

之后，鲁人又歌咏了《陈风》，季札不屑地说道："这些乐章杂乱无章，犹如国家没有国君，这样的国家岂能长久？"《桧风》以后，季札就再没评论。季札观诸国风，也就至此为止。

随后，鲁国人又为季札唱咏了《小雅》《大雅》，接着又是歌唱《颂》诗。在"风""雅""颂"的歌咏结束以后，鲁国人又请季札观赏乐舞。季札观赏了《象箭》《南籥》之舞后说："虽然舞姿优美，但是总觉得有些缺憾。"然后，又观赏了乐舞《大武》，季札评论说："真是优美啊！大周的盛德，就应该是这样的！"

在观赏了商汤的《韶濩》之后，季札说："这乐舞很能展现圣人的气度，但在德行上还有应当完善之处，圣人实在难做啊！"季札在看了《大夏》之舞后说："此舞真是优美！既能勤于王事又不居功自傲，非大禹谁属？"最后，季札看了虞舜的《韶箾》之舞，动情地说："德行善美至极啊！犹如上天无处不覆盖，大地无物不负载。这样美好的品德，有谁能及？能看到这样的乐舞，已经到了极致。就算还有其他什么乐舞，也不会再欣赏下去了。"

季札离开鲁国之后，又出使到了齐国。在齐国，他遇到了晏婴，并劝晏婴说："如今齐国的国君未定，政局很不安稳，大位一日不定祸患就不会停止。你最好辞去官职，上交封邑，才能全身远祸。"晏婴听了季札的话之后，就经由陈桓子交出他的封邑和职权，也因此免于在栾施与高强的内乱中被害。

离开齐国后，季札又来到了郑国，并见到了

子产。季札与子产二人一见如故，情同知己。于是季札对子产倾心而谈："现在掌握郑国政权的大夫骄奢淫逸，任职不会太长了，郑国的国政迟早会由你来掌管。你以后一定要遵照周礼办事，不可使郑国因不守礼制而败亡。"

季札接下来到了卫国。在卫国，他结识了公子朝、公子荆、公叔发、史狗、史䲡等人，并且与这些人十分投缘。于是季札感叹说："卫国有这么多的君子，国家是不会陷入动荡的。"季札在离开卫国到晋国的路上，半路寄宿在了戚地，而这里正是孙文子的封邑。季札来到这里后，听到孙文子鸣钟奏乐，便说道："听说孙文子此人向来恃才傲物、强词狡辩，从来不以德服人，像他这样的人难逃厄运。现在卫献公大丧期间，国君尚未安葬，他却在这里奏乐享乐，已经犯了大忌，境况太危险了。"第二天，季札就离开了戚地，而孙文子听到季札说的这些话之后，追悔莫及，从此以后就再也不听音乐了。

季札到了晋国之后，十分欣赏赵文子、韩宣子和魏献子，并说道："晋国的未来就要落在这三位大夫手里了！"在离开晋国前，季札又对叔向说道："现在晋国国君奢侈糜费，而国内又有很多大夫有实力、有才华，晋国将来很可能被赵、魏、韩三家所控制。你正直无私，又不肯屈从于别人，所以要谨慎做人、小心做事！"

季札周游诸国回国之后，吴国的情势也发生了变化。吴王余祭在位十七年后死去，传位于三弟余昧。然而余昧即位仅四年就不幸离世了，在他临终之前，特意申明要让四弟季札继承王位。但是季札硬是不肯接受王位，最后躲了起来。无奈之下，吴国人便推举余昧的儿子僚继承王位。然而，这却引起了公子光的不满。公子光是吴王诸樊的儿子，他认为既然季札不肯为王，那么按照他们兄终弟及的方式，也该轮到自己当王。因而，公子阖闾开始了夺权斗争，并最终使人刺杀了僚，自己成为了吴国国君，也就有了历史上著名的吴王阖闾。

季札看到这样的情势，便痛心地说："既然已经成了这样，只要先王寿梦的香火不断，吴国社稷不绝，我也没有怨言了，先哲之道告诫我们，谁当国君就应当听命于谁。"于是，季札到吴王僚的墓前哭祭吊念，并汇报了出使的经过。然后，季札就安守在自己的职责之上，听命于吴王阖闾的指令。

# 庆封之死

吴王寿梦时期，吴国开始崛起，并逐渐成为不可忽略的南方强国。与楚国子反结怨的巫臣代表晋国来到了吴国，并极力讨好吴王寿梦。在巫臣的努力下，吴国与晋国的关系逐渐亲密起来，同时巫臣还从晋国为吴国带来了三十辆战车，训练吴军使用战车和排列战阵，提升了吴军的装备，大大提高了吴军的战斗力。此外，巫臣还把自己的儿子孤庸带到了吴国，吴王寿梦便让孤庸担任了吴国的外交官。吴国在强大起来之后,便开始了积极的扩张行动,进攻了楚国的东部边境以及巢国(今安徽巢州东北)和徐国(今安徽泗州西北)。在楚国组织马陵之会的时候,吴国又借机进攻州来,这使得当时在楚国执政的子反和子重头痛不已。

鲁成公十五年(公元前576年),晋国在钟离(今安徽凤阳东)组织了诸侯会盟,吴国为了加入中原诸侯国的行列,遂派特使参加此次会盟。面对吴国的不断侵扰,楚国终于在鲁襄公五年(公元前568年)由子重率军对吴国进行讨伐。但是,楚军最终被吴军打败,楚国大将邓廖也被吴军俘获。随后,吴军进攻楚国,攻下并占领了驾邑(今安徽无为境内)。由于吴楚交战,吴王寿梦没能参加晋国在鸡泽(今河北邯郸东)举行的诸侯会盟。随后,吴王派大夫寿越到晋国进行了解释,并表达想要会见诸侯的愿望。公元前563年，吴王寿梦终于在相地（今江苏邳县）会见以晋悼公为首的中原诸侯，使吴国真正踏上了诸侯争霸的角逐场。

鲁襄公十二年（公元前561年），吴王寿梦去世。次年，吴王诸樊即位。在吴王诸樊即位以后，吴楚之间仍旧征伐不断，双方进行的著名战役有皋周之战与舟师之役。鲁襄公二十六年（公元前547年），吴王诸樊亲自率军攻打楚国，在吴军围攻楚国巢邑之时不幸中了楚军的埋伏，吴王诸樊也被射伤，回国后不久便去世。

吴王诸樊去世之后，余祭即位。鲁襄公二十八年（公元前545年），齐国的宰相庆封逃到了吴国。庆封原是齐国的贵族，在齐国的政治斗争中逐渐取得势力，并成为了齐国的宰相。然而，庆封却喜欢喝酒玩乐，不理政务，全都交由儿子处理，庆封自己则带着妻妾家财去和卢蒲嫳饮酒作乐、荒淫度日。后来，在齐国的政治斗争中，他的政治地位被齐国贵族陈文子与陈无宇父子所取代，因而庆封只能逃离齐国寻求政治避难。庆封先是逃到了鲁国，但齐国责备鲁国收留了庆封，致使庆封在鲁国待不下去，转而来到了吴国。来到吴国之后，吴王余祭把朱方封给了庆封作为采邑，还把公室的女儿嫁给了他，这让庆封比在齐国时更富有了，吴国也借此显示其大国的风范。

此后，楚国内发生了动乱，政局动荡。鲁襄公二十九年（公元前544年），吴国趁楚国的内乱之孙，侵入了附庸于楚的越国。同一年，被吴人命去看船的越国俘虏借吴王余祭前来视察的机会，砍死了吴王。余祭死后，余昧即位。在季札出使列国之后，吴王余昧还令孤庸出使晋国，以达成"联晋抗楚"的战略。

鲁昭公二年（公元前540年），楚国内部又发生了争权斗争，随后楚灵王即位。楚灵王是一位凭借自身实力登上楚王宝座的人，因而在诸侯间的政治关系中也是争强好胜。鲁昭公四年（公元前538年），征得晋国的同意之后，楚国在申地举行了诸侯会盟。楚灵王在这次会盟之中表达了楚国东扩的政治意向，并吹响了征讨吴国的号角。在此次会盟之中，楚国逮捕了徐国的国君。之所以逮捕徐国的国君，是因为徐国国君的母亲是吴国人，因而带有吴国的血统，楚灵王以此说他对自己有二心，所以将其逮捕。楚灵王这么做，一方面表明了他的政治立场，另一方面对与会的各国诸侯也起到了杀鸡儆猴的效果。

就在会盟的这一年夏天，楚国就对吴国发起了进攻。楚国围攻了吴国的朱方，并抓住了庆封，还把他的族人全部杀光。楚国之所以杀了庆封，"尽灭其族"，也是有原因的。庆封来到吴国之后，为了有所作为报答吴国，便替吴国四处侦察敌情，因而招致了晋、楚等国的记恨，想要讨伐他。在楚国率领诸侯拿下朱方之后，楚军又顺道灭了赖国，由于赖国国君投降，楚灵王便将赖国迁到了鄢地。

吴王余眛感觉受到了奇耻大辱，便立即向楚国进行报复。楚国当然也不甘示弱，随即于鲁昭公五年（公元前537年）冬季向吴国发动进攻。楚灵王率领蔡、陈、许、顿等国的军队及东夷部族的部队进军吴国，越国也派出军队与楚军在琐地会合。吴军在鹊岸将楚军打败，随后楚军的进军也不顺利，楚灵王只好领兵而返，这就是"鹊岸之役"。第二年，楚国抓了来访问的徐国公子仪，将其囚禁起来。但是公子仪不久就逃回了徐国，楚国怕徐国背叛，于是就派兵攻打徐国。吴国因而出兵救援徐国，吴军在房钟大败楚军，并俘获了公子弃疾，这就是吴楚间的"房钟之役"。

在楚国率领诸侯军队进攻朱方、杀了庆封之后，吴楚之间三年内又发生了三次大的战役。在这三次战争中，吴国都获得了胜利，甚至使得楚灵王产生了害怕吴军的心理。吴国的节节胜利，也显示其国力的强盛，逐渐成为争霸中原的诸侯。

## 吴国压制楚国

鲁昭公十四年（公元前528年），楚平王即位，成为楚国的新国君。鲁昭公十六年（公元前526年），吴王僚即位。吴王僚成为吴国的新国君之后，仍然积极地施行与楚国抗争的策略。因而，吴楚之间的斗争一直持续着，而州来则是吴楚争夺的重点地区。吴国曾两次夺取了州来，但随后又都被楚国夺回。鲁昭公二十三年（公元前519年），吴王僚决定对楚国发动进攻，目标就是州来。

吴王僚带领着公子阖闾等人向楚地进发,楚平王在获得吴军来犯的消息之后,也立即派兵迎战。楚平王命司马薳越带领七国联军前去州来迎敌,还命令身染疾病的楚国令尹子暇(即阳匄)随军督师。吴王僚见联军来势汹汹,便命令吴军撤退,解除了对州来的包围。然而吴军并没有撤回到国内,只是转移到了钟离地区,静观以楚军为首的联军态势。

不得不说,楚平王令令尹子暇带病出征是一个错误的决定。在这次楚国发兵征讨吴军的行动中,令尹子暇不幸病死在军中,楚军也因此士气大落,无心战事。随后,司马薳越只好率领联军撤退,准备在鸡父进行休整,然后再对吴军进行军事行动。吴国的公子阖闾在得知楚军中的令尹子暇病亡之后,认为这是进攻楚军的良机,于是阖闾就向吴王僚提出建议,让吴军尾随撤退的联军，伺机而动。阖闾还进一步向吴王僚解释了联军的不利之处：首先，他们虽然号称是七国联军，但是除了楚国之外，其他都是弱小国家，而且受到了楚国的胁迫。其次，这些国家也都存在各自的弱点，胡、沈两国的国君都是年少轻狂；陈国军队的主帅则刚愎自用、顽固不化；顿、蔡、许由于备受楚国压迫，与楚国更是貌合神离。最后，作为联军主力的楚军而言，因为刚刚死了主帅而士气低迷，领兵的司马薳越又经验不足，根本不能有效地指挥楚军。

就此分析来看，看似强大的联军实则漏洞百出，如果能够利用好联军的不利因素，吴军以少胜多还是可以实现的。于是，吴王僚接受了阖闾的建议，并制订了以下的作战计划：吴军快速向以楚国为首的联军靠近，并在到达联军休整的鸡父后第二天，向楚军发起突然进攻。同时，吴军还要利用"晦日"这一条件，奇袭楚军。春秋时

十宫词图册·吴宫　清　冷枚

白苧輕雲響屧廊
青龍舟裏換晨粧
夜遊朝宴千年樂
那信人間有越王

右吳宮

期所谓的"晦日",就是不吉利的日子,由于古人迷信,因而在这一天不举战事。吴王僚与阖闾还议定了先进攻其他小诸侯国的军队,然后再集中兵力攻击楚军的具体战术,万事俱备,只等开战。

"晦日",吴军突然出现在了鸡父战场,楚国司马薳越面对来袭的吴军,慌忙迎战。薳越把六国军队排在楚军之前,使吴军的战术可以顺利地发挥。吴军先是进攻了胡、沈、陈三国军队,吴军以囚徒作为前军进攻三国阵地,而三国军队见吴军军容不整,于是争先恐后地抢夺俘虏,因而军阵大乱。随后,吴军趁三国军阵大乱之际,命令主力向三国军队发起了猛攻,三国军队则一泻千里,胡国的国君、沈国的国君以及陈国军队的主帅都被吴军俘虏,而三国的游兵散勇则四处逃窜,给其他诸侯国的军队造成了恐慌。

吴军在击溃胡、沈、陈三国军队之后,又乘

势进攻许、蔡、顿三国军队。本来就与楚国貌合神离的许、蔡、顿三国，见吴军勇猛无敌、锐不可当，很快就败下阵来。吴军以迅雷不及掩耳之势击败了六国军队，而被列于六国军队之后的楚国军队还没来得及整编阵列，就被六国败退下来的军勇所扰，军心动摇，也随六国的兵勇撤退逃跑。吴军运用了正确的战术战略，在鸡父取得了对楚国的大胜，还借势再次攻占了州来。

鸡父之战，可以看作是吴楚争锋的一个重要转折点。在此之前，楚国一直是春秋时期的诸侯大国，并与晋国屡次争夺中原霸主地位。吴国则是从吴王寿梦开始才逐渐崛起，虽然吴国对楚国打了多次胜仗，但实力上还是不如楚国雄厚。就是此役鸡父之战，吴国也是凭借奇谋诡计，才以少胜多战胜了以楚国为首的七国联军。吴国此次胜利，一方面打击了楚国的势力，另一方面也威慑了周边的诸侯各国，使吴国的地位逐渐被中原各诸侯国认可。

此次战役之后，吴国占领了州来这块军事要地，并在江淮地区占据了优势。楚平王的夫人也借此次吴军战胜之机，随吴军来到了吴国。楚平王的夫人就是被迫害的公子建之母，而战役发生之时，公子建的儿子胜，也就是平王夫人的孙子正在吴国生活，因而平王夫人才随吴军来到吴国。楚军的司马薳越也因此事自杀，楚国在这次战役中真是"赔了夫人又折兵"，完全没有获得好处。此后，楚国在很长一段时间内都很少主动向吴国用兵，采取了保守的防御策略，而吴国则渐渐掌握了吴楚争霸的主动权。到了吴王夫差时期，吴国的势力则达到了鼎盛。

# 专诸刺王僚

吴王寿梦的第三子余眛当上吴王不久后便死去，余眛临终前特别申明要季札继承他的王位，可是季札坚决不同意，于是便藏了起来。

然而，国不可一日无君，在指定的王位继承人不接受王位的前提下，吴国人于是要推举一位新国君。吴国人认为，既然最后一个吴王是余眛，那么就让余眛的儿子僚继承王位。但是这引起了诸樊儿子公子阖间的不满。公子阖间认为，吴国的先君们之所以不把王位传于子而在兄弟间相传，皆是因为季札。如果是按照先王的意思，吴国的王位应该传给季札；如果不按照先王的意思，那么吴国的王位就应该传给自己，怎么也轮不到僚去当国君！因而公子阖闾对僚当吴国国君一直不满，私下里一直想要杀吴王僚。

此时，楚国的大夫伍子胥来到吴国避难，鼓动吴王僚伐楚，并声称有很多好处。公子阖闾则说："伍子胥的父亲、哥哥都死于楚王之手，他现在想要伐楚只是为了报私仇，对吴国毫无益处。"于是，吴王僚便没有采纳伍子胥的意见。后来，伍子胥看出公子阖闾对吴王僚存有异心，并且想要杀死吴王僚，伍子胥就给公子阖闾推荐了一个名叫专诸的勇士，阖闾见了专诸之后非常高兴，自此以后对伍子胥待为上宾。

公元前515年的冬天，楚平王去世。第二年的春天，吴国趁楚国的国丧之际，出兵伐楚。吴王僚派出了他的两个弟弟公子盖余、烛庸率军进攻楚国的边邑，同时还派出季札出使晋国，观察诸侯们的反应。然而，楚国似乎对于吴国的出兵早有准备，吴军遭到了楚军的埋伏，并被围困，断绝了后路。

公子阖闾认为这是天赐的良机，此时吴王僚的亲信部将都已出征在外，国内也没有正直敢言的忠臣，因而正是刺杀的好时机。公子阖闾于是对专诸说："这个大好机会一定不能错过。按照宗法来说，我才是国君真正的继承者，我现在杀掉僚、继承王位，木已成舟之后，即使季札回来也无可奈何。"专诸回答说："僚的母亲年事已高，儿子尚且年幼，他两个兄弟也在楚国领兵打仗回不来，而且国内也没有愿意为他卖命的人，此时杀他定能成功！我一定不辱使命。"公子阖闾最后对专诸说:"我的命运就托付给你了。"

于是,这一年四月的一天,公子阖闾在家中的地下室埋伏好了身负铠甲的勇士后,置办酒席请吴王僚来家中饮酒。吴王僚也是心怀警惕,从王宫到阖闾的家中道路上都布满了亲兵卫队,甚至在酒席的席位之处也有带剑的卫士在一旁守护。宴席上大家喝到酒酣之时,公子阖闾假装脚上有疾,随后躲进了地下室。与此同时,专诸把匕首藏到烤鱼的肚子中,然后向吴王僚进献烤鱼。专诸把烤鱼呈到吴王僚的面前,慢慢掰开鱼肚之时,突然从中抽出匕首,向吴王僚刺去。专诸成功地刺杀了吴王僚,然而,专诸也没能逃脱,被吴王僚的卫士诛杀。

在吴王僚被杀后,公子阖闾成功地夺取了王位,成为吴王阖闾。吴王阖闾即位以后,为了表彰专诸所做的贡献，便把专诸的儿子封为上卿。同时，吴王阖闾又把专诸刺杀王僚所用的那把被称为鱼肠剑的匕首封存起来，永不再用。不久以后，季札回国。正如阖闾所料，季札根本没有夺取王位的野心，而面对这样的世事变化，季札只是顺其自然，听天由命，承认了阖闾的国君地位。

在听闻吴国发生政变以后，楚国就撤回军队，而此时楚国内也发生了动乱。于是，在楚兵撤退之后，带兵在外的吴王僚之弟公子盖余逃到了楚国的附庸国徐国，而公子烛庸则逃到了钟吾国。

阖闾终于如愿当上了吴王，此后他开始起用伍子胥。吴国在阖闾的主持之下，国力迅速发展，成为春秋后期重要的诸侯国之一。而专诸刺王僚的设计者之一伍子胥，也终于在吴国取得了重要的政治地位，并逐渐成为吴王阖闾的重要谋臣。后来，伍子胥为吴王阖闾推荐了当时著名的军事家孙武，吴王阖闾则拜孙武为吴国将军，吴国的春秋霸业也由此而始。

# 要离刺庆忌

在专诸刺杀吴王僚成功以后,阖闾顺利成为了吴王。然而,当上了吴王的阖闾仍然还有很多担心,因为僚有一个儿子名叫庆忌,其人有万夫莫当之勇,在僚被刺之后逃到了邻国卫国。庆忌在卫国的艾城招兵买马,并号召周边诸侯为父亲报仇,成为阖闾的心腹之患。

吴王阖闾当政第二年,他想要杀掉庆忌,但是又担心其在邻国,恐招来诸侯的讨伐,因而不知如何处置。于是，阖闾便问伍子胥："当初你为刺杀之事做了很大贡献。现在听说僚的儿子庆忌正在联合诸侯准备来讨伐我，你看我应该如何是好？"伍子胥答道："臣忠心事主，当初与大王秘密策划刺杀，如今又准备讨伐他的儿子，这会违背天意的。"

阖闾随后又说："当年武王伐纣，先杀了纣王，得天下后又杀了他的儿子武庚，却并没有人指责武王。我们杀庆忌是为了自保，哪有什么天意？"伍子胥说："臣侍奉您是为了将来吴国能够成就霸业，有什么可惧怕的呢？臣与一名刺客交情很深，他应该可以做成此事。"

吴王阖闾听到之后，不禁有点担忧地说："庆忌力大过人能敌万人，这个刺客真的能刺杀成功吗？"伍子胥则说："这个刺客的谋略，也可以敌上万人。"吴王阖闾听后，急切地问道："这个人到底是谁呢？"伍子胥说："就是要离，臣曾经看到他羞辱壮士椒丘欣。"吴王阖闾好奇地问道："怎么羞辱椒丘欣呢？"于是，伍子胥便把事情的原委说了一遍。

椒丘欣是东海人，作为齐国的使者出使吴国。路过淮津渡口时，他牵马来到渡口边饮水。可是，水中有怪兽吞了他的马，他一怒之下跳进河中，与怪兽大战了三天三夜。最后，椒丘欣与怪兽不分胜负，被伤了一只眼睛，因而名声大震。来到吴国之后，恰巧碰到了友人出丧，他便在丧礼上对吴国的士大夫出言不逊、轻蔑无礼，大肆鼓吹其战水怪之勇，不可一世。

要离实在看不惯他的这种作为，于是正色说道："我听说真正的勇士在斗争时，与日战不移表，与神战不旋踵，与人战者不达声，生往死还，不受其辱。你在水中与水怪交战，不但没有追回马的性命，自己反而瞎了一只眼睛，付出身体残废的代价换取勇力之名，这是真正的勇士深以为耻之事,你贪生怕死,不死于战斗中,又有何面目在我们面前骄傲自负呢?"

椒丘欣被说得哑口无言,羞愤而出。要离回家后,知道椒丘欣晚上必来报复。于是,要离告诉妻子晚上把所有的门窗都打开,任由他出入。这一晚,椒丘欣果然来到了要离家中。椒丘欣趁夜色径直走到了要离的床前,并把剑抵在了要离的脖子上说:"你真是该死!一不该当着大家的面羞辱我,二不该明知道我要来还夜不闭户,三不该见到我来了还不逃。"

要离则从容地反驳道:"你也有三不该:一是我羞辱你时,你一言不发;二是你悄无声息地进来,到了厅堂也不发出声音,明显是偷袭的行为,不是勇士应该做的;三是你用剑威逼我,却还如此大言不惭,说明你是心虚,也不是勇士的表现。"椒丘欣听到要离的回答之后,感慨世上还有如此之勇士,大叹道:"你才是真正的勇士，我要是杀了你，岂不是被天下笑话？我如果不死，也要遭天下笑话。"于是椒丘欣当即自杀，死在了要离的床前。

吴王阖闾听闻了要离的事迹之后，便决定宴请要离。伍子胥于是便找到要离，对他说："吴王听闻了你的高尚义节，所以想单独约见你。"要离于是随伍子胥觐见了吴王阖闾。吴王阖闾见到要离后，问道："你是什么人啊？"要离回答说："臣是国东千里之人，瘦小力弱，随风而倒。但是君王有什么命令，臣一定尽力。"吴王阖闾心里对伍子胥推荐的这个人有些不满意，于是良久沉默不语。

要离突然向吴王阖闾说道："君王是在以庆忌为患吗？臣能够杀了他。"吴王阖闾则说："庆忌的勇猛，世上罕见。筋骨刚健，能敌万人。现在你的实力不如他啊！"要离进一步说："只要君王想要杀他，臣就能杀了他。"吴王阖闾又说："庆忌是个聪明人,现在是走投无路投奔于他国,但也不次于诸侯下的士大夫。你怎么杀他呢?"

要离回答说:"臣听闻享乐于家庭,而不全力侍奉君王,那么就是不忠;满心想着家室之爱,而不为君王除患,那么就是不义。臣假装身负重罪而逃,请君王杀了我的妻子,砍断我的右手,那么庆忌就必信臣无疑了。"吴王阖闾听了要离的主意之后,便同意他依计行事。

要离出逃吴国后,吴王阖闾依计杀了他的妻子,并焚尸于市。要离则在各诸侯国中游走申冤,并被天下认为是无罪的。要离后来到了卫国,便求见庆忌。要离见到庆忌之后,愤然地说:"阖闾昏庸无道,王子您是知道的。如今,没有任何罪名,他就杀害了我的妻子,并焚尸于市。吴国的状况我是熟悉的,再凭借王子的勇猛,那么阖闾便可打败。王子何不和我一同讨伐吴国呢?"庆忌相信了要离,于是便开始拣练兵卒，准备伐吴。

三个月后，庆忌率兵伐吴，要离一同前往。要离与庆忌同坐一船渡江，在船到江中之时，要离决定刺杀庆忌。由于要离力微，便坐在上风向，借助风力刺向庆忌。庆忌一时未死，反应过来之后，便抓起要离，把他的头在水中灌了三个来回，然后拎起来放到了膝盖之上。庆忌大笑两声说道："天下还真有勇士啊！敢来刺杀于我！"庆忌的随从想要杀了要离，但庆忌阻止道："这可是天下的一名勇士！怎么能够一天之内杀死两个天下的勇士呢？"庆忌还特别对随从嘱咐道："让他回到吴国，以表彰他的忠心。"随后，庆忌方才死去。

要离坐船来到江陵之后，就再也不走。随从问："您为什么不走了？"要离说："为了事君而杀了我的妻子，这是不仁的；为了新君王而杀旧君王的儿子，这是不义的。现在我这样还有什么脸面对天下的人呢？"于是投江自尽。但是要离并未立毙，被随从救起。要离于是说："我怎么能够不死呢？"随从则答道："您可不能死，还有爵禄等着您去领受呢！"然而，要离拿出宝剑，砍断了自己的手足，伏剑而死。

至此，吴王阖闾除去了一个心头大患，要离的忠勇仁义使其成为春秋时期著名的刺客之一。

# 念念不忘的杀父之仇

吴王阖闾在除掉了庆忌这个心头大患之后，开始继续巩固他的王权。鲁昭公三十年（公元前512年），吴王阖闾让徐国人和钟吾国人分别把逃到他们那里的公子盖余和公子烛庸给抓捕起来，但是两人逃到了楚国，楚王把他们安置在了养邑，并给他们筑城，还把城父和胡邑的土地封给了他们。吴王阖闾对此十分恼怒，于是出兵抓住了钟吾国的国君，并随后进攻徐国。在吴国用水淹了徐国的国都之后，徐国被灭，徐国的国君也逃至楚地，楚国则在城父筑城给其居住。

在攻灭徐国之后，吴王阖闾开始筹划攻打楚国。于是，吴王阖闾问伍子胥怎么攻打楚国。伍子胥建议吴国军队分成三支，轮流袭扰楚国的边境，让楚国的将卒疲于奔命，然后再三军合于一处猛攻楚军，则必定大获全胜。吴王阖闾听从了伍子胥的计策，开始对楚军进行了袭扰战术。

鲁昭公三十一年（公元前511年），吴军进攻楚国，攻打夷邑，偷袭了潜邑和六邑。楚军于是派兵救援，吴军则转战他地。吴军接着包围了弦邑，并到达了豫章一带，楚军又来救，吴军则当即撤兵。楚国军队在这种情况下，变得疲惫不堪，逐渐失去了警惕。如此三年以后，附属于楚国的桐国叛楚，于是吴王派舒鸠氏诱骗楚国出兵。吴军诱使楚兵深入，并在豫章击败了楚军，随后又包围攻克了巢地，俘虏了守将公子繁。

鲁定公四年（公元前506年），吴、蔡、唐三国开始联合进攻楚国。吴、蔡、唐联军在淮水登陆，至豫章与楚军隔汉水相望。楚军左司马戌向令尹子常献计：由他率领一支军队顺汉水而下毁掉吴军的船只，然后再回军与子常率领的大军前后夹击吴军。计谋商定以后，戌率军依计出发。然而，子常又听信他人挑拨，决定率楚军渡过汉水，速战速决。可是，从小别山到大别山楚军与吴军连打了三仗之后，子常自知己方不利，遂想逃走，但被部下阻止。随后，吴、楚两军在柏举拉开阵势进行大战，吴王阖闾之弟夫概率部下五千人抢先进攻楚军，子常大败，兵卒奔逃，楚军进而溃不成军。战败的子常逃亡郑国，而大胜的吴军则继续追赶楚军，并连战连捷，很快就打到了楚国的都城郢城。

就在吴国对楚国全面用兵之前，吴国率先出兵越国。吴国一直想要称霸中原，而吴国要想称霸中原就必须先要解除后顾之忧，那就是打击越国。此外，吴越之间的积怨也由来已久，鲁襄公二十九年（公元前544年），吴国侵犯越国时所获取的战俘刺死了吴王余祭，因而此后吴越彼此之间的战争也是十分频繁。

鲁昭公三十二年（公元前510年），吴军与越军进行大战后，吴军占领了檇李。随后，吴楚之间大战爆发，吴军连连得胜，并进驻到了楚国的都城。然而，就这此时，吴军内部发生动乱，吴王阖闾的弟弟夫概率部谋反，回到吴国后自立为王。吴王阖闾遂率军与夫概进行交战，并将其打败，夫概战败后逃到了楚国。

同时，在吴军攻占了楚国国都郢城之时，越

国也不甘于被吴国压制,遂率兵入侵吴国。鲁定公五年(公元前505年),越王允常趁吴国空虚率军侵入吴国。吴军在楚国战场被秦、楚军打败之后,吴王阖闾才率兵回国。

鲁定公十四年(公元前496年),越王允常去世,其子勾践即位。吴王阖闾闻讯之后,认为这是进攻越国的大好时机,以报当年偷袭吴境之仇。于是吴越双方大战于檇李,越王勾践担心吴军的实力强大,于是派出了敢死队冲击吴军,致使吴军阵脚大乱。随后,越王勾践又命死刑犯在阵前自刎,吸引了吴军的注意力,越军借此进行突然袭击。在越军的这种攻击之下,吴军最后大败,吴王阖闾也被越军击伤。在吴军退出檇李不久,吴王阖闾便因伤死去。

吴王阖闾死后,他的儿子夫差继承了王位,并立志要为父报仇。吴王阖闾在位期间,使吴国成为了春秋后期重要的军事强国，并开始逐鹿中原。吴王阖闾的儿子夫差在继承了王位之后，则在其基础上成就了吴国的霸业，使吴国走上了最为鼎盛的时期。

# 第二章
## 昙花一现，吴王夫差短暂称霸

## 报仇其实不难

吴王阖闾在征讨越国的战争中负伤而亡，他在临死前，特意嘱咐儿子夫差不要忘记这个屈辱，要替他报仇。后来，夫差继承了王位，成为了新的吴王。他命人站在庭院中，每天路过庭院之时，就向吴王夫差喊话："夫差！尔忘越王之杀尔父乎？"吴王夫差听后便回答说："唯，不敢忘！"吴王夫差就是以这样的方式时刻提醒自己不能忘记杀父之仇。

当上了吴王的夫差任用伍子胥为相国,命大夫伯嚭为太宰,积极发展国力,扩大生产,增强兵力。这些都被越王勾践看在眼里,于是,在吴王夫差即位两年后,越王勾践想要在吴国出兵攻打越国之前,率先出兵征讨吴国。但是,越王勾践手下的重要谋臣范蠡劝谏说:"国家有持盈、定倾、节事三件大事。"越王勾践便问范蠡说:"这三者对国家有什么作用呢?"

于是范蠡继续说道:"持盈者,在于天;定倾者,在于人;节事者,在于地。您如果不问,臣不敢随便说。天之道虽然盈满却不会溢出,虽然盛大却从不骄矜,运作繁忙而不会炫耀功劳。圣人随时准备采取行动,这就是守时;天时不到,就不能到别人那里去做客。人事没有机缘就不要开始做事。现在君王你未盈而溢,未盛而骄,不劳而矜其功,时机不到却要先进攻其他国家,机缘未生却要挑起事端,这是天时不利、人事不合。您这样做,会不利于国家的发展和您自己的命运。"然而越王勾践并不听劝。

范蠡只好再苦谏说:"勇猛,是不好的道德;兵器,是不祥的器物;争斗,乃是解决事情的最下策略。暗中策划争勇好斗,是由人引起,最后人也因此而亡。这种事情是违背天意的,谁先行此事就对谁最为不利。"越王勾践则坚决地说:"不用再多说了,我的主意已定。"

于是,越王勾践率先发兵伐吴。吴王夫差则抓住时机,派出所有精兵,与越军大战。吴越双方在水上进行大战,越军被打败。越王勾践带领残兵败将五千人逃到了会稽山,被吴军团团包围。在此种状况之下,越王勾践召见范蠡问道:"当初我没有听从你的意见,以至于今天这种下场,现在还有什么办法吗?"范蠡回答说:"君王忘了我说过的话了吗?持盈者,在于天;定倾者,在于人;节事者,在于地。"

越王勾践赶紧又问道:"那么对于人该怎么做呢?"范蠡则说:"卑身请降,献上厚礼。将子女玉帛一切珍宝都献给吴王。如此还不行,就请您亲身为质,亲自侍奉吴王。"越王勾践说:"好吧。"于是越王派大夫文种去吴国求和。

文种到了吴军大帐之后,毕恭毕敬地请求说:"越国愿意把士大夫女儿嫁于吴国,并附送上奇珍异宝,请求两国讲和。"吴王当即否决。文种随后又用非常谦恭的语气说:"君上的亡国之臣勾践请求做您的奴仆,妻子做您的奴婢,并将国家献给您。"吴王夫差听后准备答应,而伍子胥则急忙劝阻道:"大王不能答应,如今上天已经将越国赐给了您,不可养痈遗患。"

文种回到会稽山上,向越王勾践说明了事情的经过。越王勾践盛怒之下,准备杀掉妻子,烧掉宝物,与吴军拼死一战。文种则急忙劝阻道:"我听说吴国的太宰伯嚭是个贪婪爱财之人,不妨送给他美女和宝物来收买,让他帮我们在吴王面前多说好话。"越王勾践无奈之下也只有此法,于是让文种带着美女和财宝去送给伯嚭。伯嚭见到了文种带来的礼物后,非常高兴,并欣然接受。随后,伯嚭就带领文种去见了吴王夫差。

文种见到吴王后,立即下跪,并说道:"请大王饶恕勾践吧,勾践愿意向您称臣,把国家和一切财富都献给您。如果您不同意,勾践只有杀掉妻子,毁掉所有的财宝,与您死战。那样大王您不仅得不到好处,反而还会损兵折将。"正在夫差犹豫之际,伯嚭则插嘴说:"既然勾践投降称臣了,不如就赦免了他,这对您也有好处。"

吴王正准备答应的时候,伍子胥又进言说:"大王还记得少康中兴的故事吗?现在吴国不如当时的过氏那样强大,而勾践却比少康更有野心有作为,如果现在不趁着大胜之威一举消灭越国,以后一定会后悔的。何况勾践手下还有文种、范蠡这样的贤能之臣，如果让他们返回越国，将来也必定生乱。"可是，吴王最终还是没有听信伍子胥的话。贪财的伯嚭还因为妒忌伍子胥的功劳，于是竭力怂恿吴王夫差接受越国的请降。最后，吴国接受了越国的降服，越国也成为了吴国的附属国。

接受了越国降服的吴王夫差当然对勾践也并不放心。于是，吴王夫差便把勾践和范蠡留在了身边当作奴役。时间久了之后，吴王夫差看到他们甘心做奴役，而且也看不出有反抗之心，同时又在伯嚭的劝说之下，便将勾践和范蠡放回了越国。吴国在吴王夫差的经营之下，国力逐渐强盛，而在吴国降服了越国之后，吴国实力更是达到了鼎盛。吴王夫差因此也开始逐渐骄横起来，放松了对越国的警惕，开始一心专注于争霸中原的伟业。

越王勾践回到越国之后，则时时不忘复兴国

孙武

范蠡

家，从此卧薪尝胆，不忘亡国之恨。他任用了贤能的范蠡和文种，越国就在吴王的轻视与忽略之下开始慢慢发展起来，逐渐成为春秋末期最后一个强劲的诸侯。这样，也才有了后世广为流传的"勾践灭吴"。

# 北进中原

吴王夫差在降服了越王勾践之后,便开始积极向中原争霸。吴王夫差首先攻打了陈国,之所以攻打陈国,是因为夫差的父亲阖闾在征楚之时曾让陈国一同出兵,但陈国拒绝了阖闾的要求。因而,吴王夫差在败亡了越国之后,便率先进攻陈国,以报先君的仇怨。

陈国乃是处在吴楚间的一个小国,在此之前几经内乱与亡国,国力大衰。楚灵王曾经灭陈,后楚平王夺得楚国王位之后，为了缓和各诸侯国之间的关系，遂又复立陈国。吴国强大后，吴王阖闾曾召陈怀公入吴，陈怀公迫于压力，只好听命。随后，陈怀公被扣留在吴国，并最终客死在那里。陈湣公即位以后，陈国于鲁定公十四年（公元前496年）与楚国联合灭亡了顿国，吴王夫差则攻下了陈国三座城邑作为报复。

鲁哀公六年（公元前489年），吴国一再攻打陈国，楚国则决定派兵援陈。然而，楚昭王的突然离世，让楚国出兵未成。陈国当然难敌吴国的强大军事，最终只好臣服，成了吴国的附属国。

吴王夫差在击败陈国之后，又把矛头对准与陈国交好且毗邻的蔡国。蔡国国君由于惧怕吴国的强大军力，只好听从吴国的安排。无奈之下，蔡国只能把先君的坟墓迁走，国都也迁到了州来。

鲁哀公七年（公元前488年），吴国继续向北挺进，鲁、宋两国先后向吴屈服。吴国分别向鲁国和宋国征取了牛、羊、猪各一百头作为享宴品，其数量超过了两国向晋国纳贡的数量。第二年，鲁国攻打了臣服于吴的邾国，因而吴国又派兵进攻鲁国。吴军一路凯歌高奏，先后攻下了鲁国的武城与东阳，屯兵于泗水岸边。鲁国见吴军势盛，同时紧邻鲁国的齐国正称雄东方，声势浩大，鲁国遂与吴国结盟，共同将矛头对准强大的齐国，吴军这才从鲁国撤兵。

鲁哀公九年（公元前486年），吴国为了在征讨齐国时能够向北运兵，在邗筑城挖沟，使邗沟贯通了长江与淮水。次年，吴国联合了鲁国、邾国、郯国一同进攻齐国。齐国正好发生内乱，齐人杀死了齐悼公，并向联军发出了讣告。但是联军并没有立即撤军，直到吴国大将徐承率领的水军被齐军击败后才撤军。又过了一年，吴王夫差联合鲁哀公再次攻齐，这次吴军与鲁军进攻顺利，先后占领了齐国的博地和嬴地，与齐军在艾陵对峙。最后，双方在艾陵大战，齐军大败而归。吴军俘获了齐军的主帅，还夺取了革车八百辆，斩下了三千甲士的头颅，可谓是大获全胜。

鲁哀公十一年（公元前484年），在吴军大败齐军之前，越王勾践率领众臣到吴国，并向吴王朝贺必定大胜齐国归来。吴国上下则皆大欢喜，只有伍子胥一人心有忧虑，闷闷不乐。吴国军队得胜归来之后，越国君臣再次入吴，向吴王夫差祝贺大捷。越王勾践还带来许多礼品贡献给吴王夫差，吴王因此十分高兴。此时，只有伍子胥一人向吴王劝谏，说要提防勾践的用心。

但是，在大败了齐国之后，吴王夫差更加不可一世，高傲自满，看到越王勾践的卑乞行为，对越国不以为意。鲁哀公十二年（公元前483年），吴王与鲁哀公会盟，吴王要求鲁国继续旧盟,但是被鲁哀公拒绝。此外,吴王又派人召卫侯参加诸侯会议,但卫侯杀了吴王的使者后,与鲁国、宋国结盟,拒绝了与吴国的会盟。吴王夫差因此大为不满,遂派吴军包围了卫侯的住宅,最后在子贡的劝说下,吴王才最终撤兵。

这时的吴国已经鼎盛至极。原来称霸东方的齐国一再被吴军打败,实力不敢与吴军争雄,而宋、郑之间又不断相互攻讦,晋、楚又各自衰落自顾不暇,这就使吴国北上之后成为无人可以匹敌的霸主。于是,吴王夫差积极筹划诸侯会盟,争夺中原霸主地位。

鲁哀公十三年(公元前482年),吴国又开挖深沟,连通了与宋、鲁两国的边界,北接沂水,西连济水。同年,吴王夫差与鲁哀公、晋定公以及周王室的代表在黄池会盟。吴王夫差与晋定公为了在会盟上争夺歃血的顺序而相互较劲,然而此时从吴国国内传来了不好的消息,越国军队攻占了吴国的都城并杀了吴王夫差的儿子。吴王夫差为了封锁消息，便把知道这件事的七个亲信全部杀了。

此时的吴王正进退两难，犹豫不决，于是王孙雒劝吴王在歃血那天列万人军阵，以向晋国示威。晋定公在看到吴国的军阵之后，出于畏惧，让吴王夫差先歃血，使晋国盟主的地位再次动摇。会盟结束后，吴王夫差立即率兵归吴。吴军在路过宋国时，放火烧了宋国的国都，以此向各诸侯国示威。

这次会盟是吴国强盛的顶点，吴国至此也盛极而衰，走向败亡。越王勾践在全面进攻吴国之前，就不断地向吴王夫差示弱，让吴王放松了警惕。同时，吴国国内的政治腐败，则加速了吴国由强盛转向衰败。越国不断贿赂吴国的太宰伯嚭，并让他在吴王面前给越国说好话。

与此同时，吴王夫差的淫乐好色也成为吴国

败亡的重要因素。越王勾践投其所好，向吴王进献了越国的两名美女，一个名叫西施，一个名叫郑旦。吴王夫差见了西施的美色之后，十分高兴地说道："勾践甘心将这样的绝色佳人送给我，真是忠心啊！"吴王被西施的美色所诱，动用了大量的人力和物力为她建造了一座姑苏台，吴王还与其天天饮酒作乐，不理政事，吴国也日益腐朽。最终，吴国从称霸中原的顶点直接跌落到亡国的地步，这正是吴王夫差错误决策的后果。

# 战争的推动力

吴越争霸除了劳民伤财、生灵涂炭的恶果之外，也意外地推动了社会的进步。中国历史上的第一支海军，诞生于春秋时期。当时，地处江南常州附近的吴国，借着天然条件的便利，建立了自己的第一支水师，这就是中国后代海军的雏形。相较于当时北方以车战为主来说，水师具有更大的机动性和灵活性，因而往往在作战中具有更大的优势。

而吴国的水师建设，自太伯在此立国时就已经开始，等王位传至第十九世孙寿梦之时，水军的力量已经相当强大。吴国的水军建设，既是出于自立于诸侯、争夺霸权的需要，也是受惠于其天然的地理条件：吴国其地位于长江中下游，河湖密布，水网交错，极易于行驶船只、训练水军。

但是，虽然中国的水军建设始于吴国，但到了吴王寿梦之时，拥有水师的国家并不仅有吴国一家，包括楚、越、齐等沿江或沿海的诸侯国也纷纷建立了自己的水上部队，只不过在这些诸侯国中，吴国的水军由于发展时间久、训练方法得当、造船技术也更为先进，因而在这些诸侯国中处于领先地位。吴国水军的优势，从其几次与他国交战的过程中就可以看出。因为这些诸侯国之间经常发生战争，战争的主要展开区域在长江中下游区域以及今天的山东、江苏一带。

在吴王夫差大败越王勾践的夫椒之战中，吴国制胜的关键是自己精良的水军。自吴王阖闾战死后，夫差发誓为其父报仇，加紧训练军队。而越王勾践听到这一消息，不顾大夫范蠡的劝阻，想先发制人，于是出兵攻打吴国。夫差闻讯后，调集国内全部水、陆精兵迎战。而双方的主战场则在夫椒，也即今江苏苏州西南太湖中的一个小岛。吴国水军训练有素，又抢占了有利地形，因而大败越军，乘胜占领越国都邑稽城。越王勾践身边只余五千将士，被吴军围困在会稽山不得动弹，最后只得向吴王俯首称臣。

因为吴、楚、越几国都位于长江流域，三国水师之间的往来作战还是主要依托长江以及其他一些小的内河流域为主，此时吴国的水上部队还只能称为水军，其作战范围真正延伸到海上则是在与东方强国齐国的交战中。

与齐国的交战发生在吴王夫差当政之时，当

时夫差正因为战胜越国而志得意满，想要进一步扩大自己的统治区域，又以为南面已经没有吴国的对手，于是将目光转向了齐国，引发了中国历史上的第一次海战。公元前485年，夫差以大夫徐承为主帅，分海、陆两军进攻齐国。徐承率军从长江口出发，沿着黄海海道直扑山东半岛。

关于这次战争的经过，存在不同说法，有人认为齐国当时并没有派军队从海上迎战；有人则坚持认为当时吴、齐两国的军队在黄海展开了激战，这次战争的最终结果是吴军因为长途跋涉、疲惫不堪而为齐国所击败。这次战争的意义十分重大，吴军出师远征，从长江口到山东半岛，海岸线漫长，补给问题、医疗问题、军械维护问题等十分庞杂，这表明当时吴国的造船水平和航海能力已经达到了一定成就。

确实，按照《汉书·艺文志》中收录的伍子胥的十篇《水战法》来看，吴国当时已经拥有了长十二丈、广一丈六尺，可容纳战士二十六人、棹五十人、舳舻三人、操长钩矛者四人、吏仆射长各一人，共九十一人的大船。而且伍子胥也仿照当时陆军的情况，为吴国水师建立了严密的编制。

而尤其值得一提的是，吴国在北上伐齐的过程中，为了水上行军的方便，修建了中国历史上第一条明确见于记载的运河，也即邗沟。

在春秋之前，长江和淮水之间是互相隔绝的，东南如吴、越等国和北方中原各国之间没有天然水道相连，对于以舟楫而非兵车为主要作战工具的吴国来说十分不便。因而吴王夫差决定开凿邗沟，以今天的扬州市西长江边为始，向东北方向开凿航道，沿途连缀湖泊，开挖水道，一直延伸到射阳湖，在淮安城北五里处与淮河连接。吴王原本的设想是，这样一来，便可避免由长江入海再由海入淮河的绕远奔波之苦，也可免于海上行军的风险。

虽然吴军进犯齐国之时最终还是选择了从海上行军，但不能否认当时夫差开凿此运河完全是出于军事目的。

吴国后来为越所灭，但其修建的邗沟却一直延续到了后世。隋朝大业年间，隋炀帝为了满足自己穷奢极欲、玩乐享受的欲望，下令"发淮南民十余万开邗沟，自山阳至扬江"，在吴王夫差的基础上进一步对邗沟进行修整扩大，在其北端的位置修建北神堰，用以调节湖水，隋炀帝进一步扩大邗沟旧道，使其南起江都，北至山阳。后来在邗沟的基础上，隋炀帝征调十万民夫进一步修建永济渠、通济渠，连接江南河，开通了举世闻名的京杭大运河，沟通了长江、钱塘江、淮河、海河、黄河五大水系之间的往来交通。

可以说，虽然吴王夫差开掘邗沟是出于军事的考虑，隋炀帝后来扩建这一人工运河也是为了满足自己南下江南的欲望，但不可否认的是，这条运河在中国的南北交通、经济往来甚至是国家统一的过程中都起到了巨大的作用，可以看作是军事推动社会进步的典型范例。

## 请把我的眼睛挂在城墙上

吴王夫差战胜越王勾践之后，吴国开始积极寻求称霸中原，逐渐忽视了对越国的防备。此时的吴国只有一个人清醒地认识到越国的危险地位，并时刻劝谏吴王夫差要提防小心。

在越国请降之初，伍子胥就以少康复国的故事劝谏吴王夫差不要接受，而要借此机消灭越国，但是吴王并没有听从伍子胥的意见。在吴王夫差准备起兵征齐之时，伍子胥则进谏说：

"我听说勾践现在生活节俭朴素,亲自下地耕种,吃饭只有一个荤菜,而且他悼念死者,抚恤伤病之人,与百姓同甘共苦。这样的人如果不除掉,一定会是吴国将来的隐患。现在越国对于吴国来说,是心腹之患;而齐国对于吴国来说,只是疥癣之疾。如果大王不顾心腹之患的越国,而去攻打齐国,这对于吴国来说是很危险的。"吴王夫差不听,率大军与齐军战于艾陵,大败齐军。

吴王得胜归来后,越王勾践率群臣来向吴王祝贺,并献上许多礼品。吴王夫差很高兴,但伍子胥又十分担忧地对吴王说道:"越国是我们身边最危险的敌人,现在大王被他们的花言巧语所骗,只顾与遥远的齐国征战。对于吴国来说,即使打败了齐国,也并没有什么用处啊!《尚书·盘庚》早就说过:'有颠越不恭,劓殄灭之,俾无遗育,无使易种于兹邑。'这样商朝才能有后来的兴盛。请您多多关注越国，不要一心征讨齐国，否则日后只怕悔之不及了。"然而，现在的吴王根本听不进去伍子胥的话，仍旧自行其是。

此后，越王勾践又向吴王夫差进献了两名美女，其中一名就是西施。吴王夫差见到西施之后，立即被她的美色所迷，大为高兴。伍子胥依然劝谏吴王不要接受越王的进献，可是早已入迷的吴王哪里还听得进伍子胥的话？他欣然接受了越王的进献，并大赞越王的忠心。

此时的吴国，在逐鹿中原彰显国力的同时，国内政局也日益腐化，外强中干。越国的大夫文种便对越王勾践说："吴国现在国势渐衰，吴王也越来越骄奢淫逸，我们不妨向吴国借粮一次来试探吴国的态度。"于是勾践便派人去向吴国借粮食，虽然伍子胥竭力劝阻，但吴王夫差却欣然同意了借粮给越国，而且对于伍子胥总是反对自己的意见也越来越不满意。

此事过后，伍子胥痛心地说："大王不听我的良言规劝，只怕三年以后吴国就会被越国夷为平地了。"收受越国贿赂的佞臣伯嚭听到伍子胥的这番话后，就趁机向吴王夫差说伍子胥的坏话："大王不要看伍子胥表面上很忠诚，其实他是一个寡情无义、心狠手辣之人。他当年在楚国为了自己逃命就不顾父兄的性命，现在又怎么可能为大王您着想呢？您当初准备讨伐齐国，他就极力劝阻，但是大王仍然大胜齐国归来，伍子胥因为您没有采纳他的计策却获得了胜利，竟然对您心生怨怼。现在大王又要伐齐，伍子胥专横执拗，极力劝阻，妨害您的大业，其实只不过是希望以吴国落败来证明自己的高明罢了。而今大王要亲自率领全国之军攻打齐国，伍子胥因为您没有听从他的谏言而托病不出，只怕已经怀有异心了，请大王多加戒备。"

起初，吴王夫差并不相信伍子胥会犯上作

乱,于是吴王便派伍子胥出使齐国,一探究竟。伍子胥因为预见了吴国将会灭亡,于是将自己的儿子也带到了齐国,并对儿子说:"我屡次劝谏大王,都没有被采信,现在吴国的末日即将到来,你就留在齐国吧,不要同吴国一道灭亡。"于是伍子胥把儿子寄托给齐国的鲍氏,然后独身回到吴国,向吴王汇报齐国的情况。

吴王夫差知道了这件事之后,非常愤怒。伯嚭则趁机再进谗言:"伍子胥出使齐国,却把儿子留在了齐国,这是十分危险的信号。他身为大王的臣子,在国内不得重用就投靠国外的势力,还自认为是先王的谋臣而抱怨大王不重用他,我看伍子胥以后一定会作乱,愿大王提早提防。"吴王夫差也怒气冲冲地说:"你不说这番话,我也怀疑他。"于是派人给伍子胥送去了属镂剑,命他自杀。

伍子胥接到吴王送来的剑之后,仰天长叹

道："唉！明明是伯嚭这个小人在背后进谗言残害贤臣，可吴王现在却要取我的性命！你父亲在位时，是我帮助吴国，攻陷了楚国的郢都，称霸一时。当初太子之位未定，诸位公子争得你死我活之时，也是我在先王面前力争，先王才立了你为太子。你当上太子以后，说要将半个吴国封赏给我以奖励我的功劳，但是我从来不敢存此奢望。谁知你现在听信奸佞之臣的谗言就要诛杀长辈，我死了，你一个人是保不住国家的！"

说罢，伍子胥告诉门客："在我的坟头上种上用来制作棺材的梓树，把我的眼睛挖出来放到吴国都城东门的城头上，我要亲眼看着越国从吴都的东门大举攻入，灭亡吴国。"说完，便自刎而亡。

吴王夫差后来听到伍子胥的这一番话后，大为震怒，命人把伍子胥的尸体装进了皮做的袋子，投到江中，让其葬身鱼腹。这样一位吴国的忠臣就被小人伯嚭的谗言陷害而死，吴王身边也再没有人警醒他了，吴国政治也更加腐化黑暗。

## 黄池之会，吴国霸主出炉了

吴国连年的征战终于为自己在诸侯中赢得了声誉，而吴国屡次击败在东方称霸的齐国更是震慑了中原诸侯，吴国以它强大的军事实力为后盾，想要跻身中原诸侯国之列，进而称霸诸侯、号令天下。然而吴国的这种企图在其所号召的黄池会盟中只得到了部分的实现，可吴国为此付出的代价却是沉痛的。

鲁哀公十三年（公元前482年），吴王夫差又一次战胜了齐国，因而自信满满，决定向中原诸侯各国发出号令，于黄池举行会盟。此次会盟的目的是显而易见的，就是吴国要力争中原诸侯霸主，以号令各国诸侯拥立周王室之名，为自己增加砝码，让各国诸侯臣服。

根据《公羊传》的记载，"吴在是，则天下诸侯莫敢不至也"。从这里就可以看出当时吴国的强盛势头，各国诸侯都忌惮吴国用兵。可是，在《左传》中记载黄池会盟的与会者时，却是这么说的："夏，公会单平公、晋定公、吴夫差于黄池。"从《左传》的记载来看，除了周王室的代表单平公之外，参加此次会盟的诸侯只有鲁哀公与晋定公，根本没有所预想的那种空前盛况。在《春秋经》中，对于参加此次会盟诸侯的记载也就简单的一句，"公会晋侯及吴子于黄池"，而这与《公羊传》中"天下诸侯莫敢不至"的描述是存在冲突的。

那么史书上为什么会出现这种记载上的冲突呢？晋代的杜预在他的《春秋经传集解》中为人们提供了这样的解释，他说："盟不书，诸侯耻之，故不录。"这句话的意思就是说，之所以不把此次黄池会盟详细记录，是因为各国诸侯都以此为耻，因而不录。通过杜预的解释，这里就又出现了一个新问题，即为什么各国诸侯会以黄池会盟为耻呢？

同为记述春秋时期历史的儒家经典《谷梁传》中有这样一段话："黄池之会，吴子进乎哉！遂子矣。吴，夷狄之国也，祝发文身，欲因鲁之礼，因晋之权，而请冠、端而袭其藉于成周，以尊天王。吴进矣！吴，东方之大国也，累累致小国以会诸侯，以合乎中国。吴能为之，则不臣乎？吴进矣！'王'，尊称也。'子'，卑称也。辞尊称而居卑称，以会乎诸侯，以尊天王。吴王夫差曰：'好冠来！'孔子曰：'大矣哉！夫差未能言冠而欲冠也。'"

从《谷梁传》中的这段话中，似乎可以找到晋代杜预所说的"诸侯耻之"的端倪了。黄池之会在这里被看成是吴国向中原文化靠近的一次机会，而根本没有被认为是吴国称霸中原的会盟。长久以来，吴国一直被中原各诸侯国看成是夷狄之国，而此次会盟则表明了吴国在文化、礼仪上已经开始接近了中原诸国，懂得了尊卑贵贱之分。吴国虽是东方的大国，现在却以谦卑小国自称而大会诸侯，这正符合中原各国的文化。吴王夫差说："好帽子拿来！"孔子却说："夫差连帽子的等级都不分就想要戴帽子，真是口出狂言！"

孔子作为中国儒家传统的代表，他的话真切地说明了吴国不被中原文化所认同的处境。吴国一直以来所争取的入主中原，也就是为了获得中原文化的认同。虽然在春秋后期，吴国与中原各国的联系加强，在文化上也逐渐趋同，但是自认为出自正统的中原各国在忌惮吴国崛起的军事势力的同时，在文化上对吴国仍然存有深深的鄙夷。孔子的一番话足见此中真意，而吴国称霸的黄池会盟也不尽如吴国之意。

吴国为了在黄池会盟中称霸，带去了几万精兵参加会盟。吴王夫差的意图是显而易见的，就是一定要在黄池称霸。吴王夫差应该也能料想到中原各诸侯国对吴国所存在的这种文化上的蔑视，因而不得不以强大的军事力量作为后盾，以消除各国诸侯对自己的非议。可是，吴国不得不面对春秋时期的老大强国晋国的挑战。虽然此时的晋国已不如从前，三家分晋的形势已成定局，但尚未分裂的晋国其经济、军事实力都依然是诸侯中的老大，同时晋国还继承着中原地区的正统文化，要想撼动晋国的地位实非易事。

在黄池会盟上，晋国便是吴国称霸的主要竞

争对手。吴国先是与晋国比起了家世,《左传》中记载说:"秋,七月辛丑盟,吴、晋争先。吴人曰:'于周室,我为长。'晋人曰:'于姬姓,我为伯。'"吴国人的先祖是周太王的嫡长子太伯,因而吴人说:"在周室之中,我们为长。"但是晋国人也不甘示弱,凭借晋国一直以来的大国地位及传承了中原正统的姬姓文化,所以晋国人说:"在姬姓诸国中,我就是大哥!"因而吴、晋之间争持不下。

吴王夫差随后听到了一个不幸的消息,越国突然袭击吴国,杀死了夫差的儿子还放火烧了姑苏城。吴王夫差为了封锁这个消息,把知道此事的亲信都杀了。吴王夫差为了尽快完结黄池会盟,便接受了王孙雒的建议,再次以武力威慑晋国。晋国害怕吴国恃武而斗,几乎是默认了吴国的称霸行为,在歃血的时候让吴王夫差为先。吴王夫差终于在与中原诸侯的会盟中争得了霸主的地位，但是自此以后，吴国也急转直落，不久就被越国所灭。

虽然吴国在黄池称霸，但在文化上中原诸国仍对吴国存在偏见，这也就是为什么史书中对此次会盟都只是寥寥几笔的轻描淡写。由此可见，黄池之会不仅是吴国的称霸行为，更是一次文化的碰撞与融合。

# 第三章

## 最后霸主,春秋争霸的收梢

老子

老子骑牛图页　明　陈洪绶

## 会稽山下

越国是由古代越族人建立的国家，而越族人传闻是大禹的后代。据说，夏族人很早就活动在会稽一带。夏禹曾娶涂山氏女为妻，有人说涂山就在今天的山阴。夏禹还曾在涂山大会"诸侯"，巡视天下，"还归大越，登茅山，以朝四方群神"。这里的茅山被人认为就是会稽山。因为夏禹在此地大会"诸侯"，"乃大会计治国之道"，所以称为会稽，据传大禹死后也被葬在了会稽山。

大禹的儿子启建立了夏朝，于是"立宗庙于南山之上"，以祭祀禹。到了少康之时，为了继续对禹进行祭祀，于是封其庶子无余到了会稽。此后，越地才人口集聚，逐渐兴盛。然而，这种说法更多的是一种猜想，而不能作为真正的历史事实来接受。

先秦史研究者对上述说法认为"均属传说"，大禹时的活动范围能否到达东南的长江地区，是存在质疑的，况且在其他地方也有涂山、会稽等地名，因而引证的材料也就不足以证明大禹到的就是越地。但是，学者们也没有完全否认古代夏人到达越地的可能性。

还有人认为越国是楚国的宗族支系分封出来的，所以春秋时期才会晋亲吴，楚亲越。然而，这种越人是楚国分支的说法仍然缺乏有力的证据。

在《史记·越世家》中，无余以后的二十多代至越王允常，并没有记载，而越王允常之后就是灭吴称霸的越王勾践。因而，史料上关于越国的起源与发展的记载少之又少。

对于越国的社会发展，《吴越春秋》上有这样一段记载，说无余在受封的时候还是"山居"，"乃复随陵陆而耕种，或逐禽鹿而给食。无余质朴，不设宫室之饰，从民所居"。由此可见，无余时期，越人的生产生活还比较简单，生产力还没有得到充分发展，社会组织形式也较为原始。然而，有关越国更多的社会详情，则没有记载，无从而知。但根据与越国相邻的吴国的发展来看，越国的社会发展应该是与吴国大致相仿的，到了春秋时期，社会政治经济生活才快速发展。

然而，根据考古发现，越地很早就发展出农业。在今天浙江余姚的河姆渡遗址中发现了人工栽培的水稻以及大量农具，距今已有七千年之久。这里的自然条件优越,适合发展农渔业,就是在今天仍然如此。据说,在勾践伐吴之时,一年就偿还了从吴国所借的粮食,但又怕吴国人把这些粮食用作种子,因而全部煮熟,致使吴国当年颗粒无收。可见,越地的粮食品种是相当优良的。

越国冶金业的发展在春秋时期也赶上了中原地区的水平,还发展出具有越国特色的铸剑技术。"姑冯句鑃""勾践剑"等器物都是出自越国,形制纹饰都十分精美。吴国的名剑干将、莫邪据说就是接受了越国的铸剑技术才制成的。而越王勾践在"十年生聚"中积极制造兵器、铸造宝剑的事,则更是自古闻名。

越国的文化发展则融合了中原文化与地方文化,从其出土的铜器铭文上看,与吴、楚一样同属于中原系统。但是,越人又在此之上发展出来别具一格的"鸟虫篆",婀娜劲峭美观俏丽,富于书法艺术特点。就文学艺术上看，越国也显示了其文化融合的特色。勾践降吴之后，被迫为吴王做奴，在离越入吴之时，他的妻子唱出悲歌，其歌词大致如下："仰飞鸟兮乌鸢，凌玄虚兮号翩翩。集洲渚兮优恣，啄虾矫翩兮云间……妾无罪兮负地，有何辜兮谴天！帆帆独兮西往，孰知返兮何年？！"

越王妻子的这凄情一唱，唱出了国破家亡的悲痛与流离别国的忧虑，真可谓凄婉动人。而这歌词的整个结构和用词与《楚辞》的格调十分相似，反映了越国深受楚国文化的影响，也体现了越国自身深刻的华夏化。

但越国流传的另一首《越人歌》，则具有浓郁的地方色彩。因而，从越国的文化上来看，既深受华夏文化影响但又具有地方特色，这似乎也说明了越国的由来，一方面是源自华夏，如大禹的传说与无余的受封；另一方面这里也存在一些原始居民,是民族融合的结果。人类生产力的提高进而也扩大了人的活动范围与改造自然的能力,因而人们之间的交往与融合也就促成了越国的融合文化,越国也正是因此而成。

# 养马尝粪的越王

鲁襄公二十九年（公元前544年），吴国伐越，并将一名俘获的越人砍断脚后命他看船。一日，吴王余祭视察船务，被这名越人俘虏砍死，吴越间的矛盾由此激化。此后，越国还一直延续"联楚伐吴"的策略。鲁昭公五年（公元前537年），越国派大夫常寿过率兵帮助楚国伐吴，但被吴军败于鹊岸。鲁昭公二十四年（公元前518年），越国又派大夫胥犴到豫章犒劳楚军，但楚军被吴军所败，楚国还被吴国占去了巢邑与钟离两地。

鲁昭公三十二年（公元前510年），吴国大规模兴兵伐越，吴军大胜，并占领了越国的檇李。后来，越王允常趁吴国出兵进攻楚国之机，侵入吴国，迫使吴军从楚国郢都撤兵。至此，吴越两国的结怨更深。于是在鲁定公十四年（公元前496年），吴越两国再起兵戈，吴王阖闾趁越王允常去世，率军攻打越国。越国则出兵抵御吴军的入侵，吴越两军遂在檇李地区拉开阵势，准备大战。然而新任越王勾践出奇兵，击退了吴军，还使吴王阖闾受伤至死。

吴王夫差即位后，时刻不忘要为父报仇，于是在吴国内练兵屯粮。越王勾践看到这种状况之后，决定先发制人，率先领兵进攻吴国。但是吴国凭借强大的军事实力，抵挡了越军的进攻，反而把越王勾践及其残剩的五千甲兵围困在了会稽山。

越王勾践此时已是山穷水尽，也曾想做困兽之斗，杀妻毁宝，率领五千甲士与吴王同归于尽。然而，越王勾践手下的大臣劝阻住了他，让他放弃了这种想法。于是，越王勾践忍辱负重，向吴王请降。

越王勾践与陪臣范蠡入吴，到了吴国之后，见到了吴王夫差。越王勾践向吴王叩首称臣，说道："东海的下贱之臣勾践，对上有愧于黄天，对下有负于后土，不自量力，污辱了大王的军士，罪孽深重地侵扰了吴国的边境。大王赦免了我的大罪，让我成为您的役臣，为您执箕帚，承蒙您的厚恩，才得以保全小命，真是不胜感激、肺腑涕零。臣勾践给您磕头叩首。"

吴王夫差没有杀掉勾践，而是让他在吴国的宫廷内养马驾车。

越王勾践就在吴王的宫中安心养马驾车，如

此过了三年。勾践与范蠡等人在这三年中不愠不怒，面无恨色。一日，吴王夫差见勾践与夫人、范蠡三人坐在马粪堆旁，君臣之礼犹存，夫妇之仪尚在，便心生怜悯之心。吴王在伯嚭的劝说下，便想要放勾践他们回去，然而伍子胥却劝谏吴王不能放走勾践，应该寻找机会杀掉他们，以免日后生乱。最后，伯嚭还是说动了吴王夫差，而此时夫差正患有小疾，便说："等我的病好了，再由太宰放了他们。"

可是，吴王这一病三个月都未好，于是勾践召见范蠡说："吴王病了三个月了还没有好。我听说为臣之道就是要君主有病臣应担忧。况且吴王待我恩重如山，现在他的病不好，请你预测一下吧。"范蠡说："吴王肯定不会死的，到己巳日就会好了，请大王留意。"

勾践又说："我之所以穷尽而没有死，完全是靠你的计策。现在已经事到一半了再犹豫，岂是我的志向？能不能行，请你帮我谋划一下吧。"范蠡就说："吴王夫差这个人真不讲信义，屡次说要放我们却不实行。所以，希望大王以向吴王问候疾病为名，见到吴王，求吴王的粪而尝之，观其颜色后，再向吴王拜贺，说他不会死，并以他痊愈之日定为归越之期。在得到吴王的许诺后，那大王就不用再忧虑了。"

于是，越王勾践便按照范蠡的计策，请见吴王。适逢伯嚭进入宫内向吴王禀告，正好遇到吴王之便，随后伯嚭持便而出。伯嚭持便进入庭院时，勾践就拜请尝吴王之便，以决断吴王的病情如何。勾践用手取了吴王的粪便尝后，才进入殿内见吴王。

勾践见到吴王后，就高兴地说："卑下囚臣勾践向大王祝贺：大王的病到己巳日会渐愈，到三月壬申就会痊愈了。"吴王夫差就问："你是怎么知道的啊？"于是勾践就说："今天我私自尝了大王的粪便，其味道苦且酸楚，正是这个味道，顺应春夏之气，臣所以才知道的啊！"吴王非常愉悦地说："真是仁人啊！"

不久，吴王的病果然痊愈。吴王夫差想到勾践的忠心之后，便同意让其回越理政。勾践降吴后，忍辱偷生，终于取得了吴王夫差的信任，并得以归越。正是在勾践这样坚毅的决心和非凡的忍耐力下，越国才有机会翻身，进而成就霸业。

## 卧薪尝胆，十年生聚

越王勾践重执政之后，小心翼翼，如履薄冰，生活上也简单朴素，从不奢侈。越王勾践想着要向吴国复仇，但又不是一朝一夕可以完成。所以勾践苦心劳身，夜以继日。眼睛累了就用蓼激它，脚冷就再浸上冷水；冬天抱着冰，夏天则握着火。勾践愁心苦志，还在屋中悬了苦胆，进出都要尝尝这苦胆的滋味，其苦味一直不绝于口。

勾践除了"卧薪尝胆"外，还亲自耕种，夫人纺织，食不加肉，衣不饰文，生活极其俭朴，如同普通百姓一般生活。同时，他还节约越国的各项开支，着力采用富国强兵的政策。

首先就是发展生产，繁殖人口。勾践提倡人们努力劳作，并减轻赋税，逐渐做到了"民俱有三年之食"。同时，鼓励适龄男女结婚，违者受罚。这种政策极大地刺激了越国的人口增长。此外，越王勾践还对鳏寡孤独者给予特别的照顾，同时放宽了刑法，收揽人心，使越国逐渐变得社会安定，人民富足。

其次，越王积极整顿内政，引进人才。勾践在手下两个重要谋臣文种和范蠡的辅助下，建立了招贤纳士的新机制，招揽来四方能人，并因材而用，使得越国的政治、经济和文化等各个领域都可以高效运转，为越国的强盛提供了一个有利的政治环境。

最后，越王勾践加强了越国的军事建设与军队训练。此一时期，越国施行了安闾里这样的行政组织为单位征兵，并利用越国特有的冶金技术，锻造了大量的强弓利剑，为战争做准备。此外，越国还训练出"习流"水军，并且一方面对士兵严刑教育，一方面又重赏勇于听命和乐于建功的士卒。同时，越王还重建了城郭，加固了国防。

以上这些，基本上就是历史上有名的"十年生聚，十年教训"。越国正是在勾践的励精图治下，逐渐走出低谷，开始复兴。然而，越国以这样的实力还不足以战胜吴国，越国卓有成效的外交战略也应该是这二十年中越国复兴的重要原因。

面对吴国，越国采取了以退为进的策略。一方面在本国内养精蓄锐，对吴示弱，不露声色。越王勾践曾想趁吴国北上连年征战，士兵伤亡较多，国力疲乏之机，进攻吴国，以报亡国之耻。但是越国大夫逢同规劝越王说："越国刚刚有点殷实富裕，如果我们现在整顿军备进攻吴国的话，还不一定能一举攻下吴国，反而使吴国看到了我们的实力。吴国害怕之余，一定又会把注意力放到越国，那时越国就要遭殃了。况且，凶猛的飞鸟在攻袭目标之前，一定要隐藏好它的形体，然后抓住机会突然进攻。现在吴国正准备伐齐与晋，同时又和楚国、越国结下了很深的仇怨，吴国的名声也妨害了周王室的威信，道德少而武功多，一定会骄傲自大。对越国而言，不如结交齐国，亲近楚国，依附晋国，厚待吴国。吴国必然轻易发动战争，那时我们就联络这些国家，让它们一同进攻吴国，然后我们再趁吴国疲惫之际，一举消灭吴国。"越王勾践听了逢同的话，表示赞同，遂放缓了伐吴的计划。

另一方面，越国开始依照逢同的计略开始不

断贿赂吴国，助长吴王的骄奢淫逸。越国给吴王送去了玉帛珍馐、贵材大木、美女西施与郑旦，并设法不断消耗吴国的民力与财力，加深吴王手下重臣伯嚭与伍子胥的矛盾。而伍子胥这一深谋远虑的吴国忠臣正是在这种残酷的政治斗争下，被陷害致死，为越国除去了一大心患。同时，越国还积极联络齐、楚、晋三国，力求三国能够联合伐吴。由于文种、范蠡等越国臣子都是来自楚国，因而越国与楚国的关系更加密切。

越王勾践甚至在吴王伐齐时，率群臣入吴朝贺，这更助长了吴王称霸的野心。吴国的国力在这种争霸中不断消耗殆尽，于是越国大夫文种看准时机向越王勾践提议向吴国借粮，以探吴王对越国的态度。吴王夫差不听伍子胥的劝告，把粮食借给了越国，足见吴王的自满与骄纵。在这种情形下，越国更是大胆地谋划灭吴方略，随时准备给吴国致命一击。

越王勾践凭借二十年的苦心经营，使越国逐渐强盛起来，其正确的治国之道，让越国国富民强，可用之兵取之无数。越王勾践之所以能够取得这样的成就，一方面是受其坚定的意志影响，立志复仇使他可以接受任何有价值的建议；另一方面，跟随勾践左右的范蠡、文种等重要谋臣为其出谋划策，使得越王勾践可以做出正确的决策。可以说，越王勾践的成功主要就是基于以上两点，并最终成就了"勾践灭吴"的伟业，成为春秋时期最后一个霸主。

# 越王勾践破吴归

鲁哀公十三年（公元前482年），吴王夫差与晋定公在黄池举行会盟，吴王为了实现称霸的野心，就把吴国内的精锐部队都带到了黄池。在吴王率兵出行之前，夫差的儿子太子友则继伍子胥之后，又一次劝谏吴王。太子友跟吴王讲了一个"螳螂捕蝉，黄雀在后"的故事，说吴国动用全国的兵力与物力在外征战，却不自知背后的越国会以精兵来消灭自己，这才是世间最危险的事情。然而，吴王夫差根本听不进太子友的话，竟自带兵北上，定要争霸中原。这样，吴国内就剩下了太子友和一些残兵老卒留守。

越王勾践看到此种情形，就问范蠡现在是否可以攻打吴国，范蠡就对越王说："现在时机已经成熟了。"于是越王勾践与范蠡制订了攻吴的计划，等到吴王率军全部到达黄池之后，越国就立即伐吴。越国动用了四万训练有素的士兵、两千名水兵，外加上越王的近卫军六千人以及一千余名军官，共近五万精锐兵分三路大举进攻吴国。范蠡、后庸率兵从海路入淮，断绝黄池吴军的归路；畴无余、讴阳率兵从吴国南境直插到姑苏；越王勾践则亲率中军紧随其后。吴军则在太子友、王子地、王孙弥庸以及寿于姚的带领下奋力抵抗。

越军攻破姑苏，杀了太子友，焚烧了城池，并夺取了吴国的船只。正在黄池会盟的吴王夫差听到这个消息后，封锁了消息，在会盟结束后立即班师回国。回国之后，吴王即向越国请和，而越国自知还不能一举消灭吴国，就答应言和，但实际上越国依旧在加紧灭吴的准备。

四年之后，鲁哀公十七年（公元前478年），吴国发生饥荒，越国决定趁此机攻灭吴国。于是越国勾践与范蠡等人反复谋划后，认为要先保证越国的社会稳定与民心所向，才能保证灭吴的成功。因而，勾践便从宫内到朝廷，对嫔妃、宫官以及留守的大夫们等逐一严令要忠于职守，说道："内政无出，外政无入。"接着，再次申明军纪，斩杀有罪之人，全城、全军都被晓之以法。同时，勾践还号召国人要积极响应国家的号召，送子弟参军，并告诉军士要安心服役，国家会安抚照顾军属等。在这一系列措施之下，越国加强了国内的稳定，民心相聚，为越军出征消除了后顾之忧。

随后,越王率兵进攻吴国,在笠泽南岸与北岸的吴国军队隔江对峙。越王勾践为了获得胜利,决定把越军分为左、右两翼向吴军发起进攻,自己则亲率六千精兵作为中军,突袭吴军的中路,而这一切都在夜色的掩护下实施。当夜幕降临后,越王勾践命左、右翼越军在夜色的掩护下偷偷渡江,并埋伏在那里,直到午夜时再一起鼓噪而上。是时,越军在吴军的左、右两翼突然发动进攻,吴军于是也分成左、右两部进行抵抗。

正当双方激战正酣之时,越王勾践率军从中路杀进吴军阵中,致使吴军阵脚大乱,大败而归。越军则紧追不舍,连战连捷,直逼到吴国的姑苏城下。由于上次越军攻破并焚毁了姑苏城池,因而吴国对姑苏城又进行了精心的营造。经过多年的苦心经营后,现在的姑苏城池坚固,易守难攻,越军想要一鼓作气攻入姑苏,实非易事，只好回师。但是笠泽之战的胜利对于越国来说，具有决定性的意义。此战之后，吴国的兵力与财力基本都已消耗殆尽，只能疲于应付越国的进攻，回天乏术；越国则开始占据了绝对的优势地位，其兵源与财力都十分充足，并对吴国展开了全面围攻之势。

公元前475年，越国对姑苏城再次发起进攻，但仍未攻克。于是，勾践对姑苏城采取了围困战略，在越军围困了姑苏城长达两年之后，吴国终于"士卒分散，城门不守"。公元前473年的冬天，越军发动了猛烈的攻势，并最终攻进吴都姑苏城内。吴王夫差率众逃到了姑苏台上，被越军重重包围。夫差无奈之下，派王孙雒裸露肢体，跪行来到越王勾践面前求和："你失势无援的臣子夫差冒昧地吐露心声：以前曾在会稽得罪了您，不敢违背您的命令，同您结好；如今您前来惩治我的罪过，我不敢不从，希望也能像当初在会稽一样让我成为越王的臣虏。"勾践听到这些话后，有点恻隐之心，想要答应他。

范蠡则对越王勾践说："当初天意让吴国灭掉越国，但吴国没有服从；如今天意要越国灭掉吴国，难道大王还要像夫差那样违背天意吗？何况大王每日辛苦劳作，夙兴夜寐，就是为了灭掉吴国，谋划了二十二年的大业，难道就要这样放弃吗？再说，如果不接受上天赐予的机会，就会受到上天的惩罚。难道大王忘了会稽之辱吗？"但勾践却说："我也很想听从你的意见，但我实在不忍心如此对待吴国的使者。"于是范蠡不顾王孙雒的苦苦哀求，击鼓出兵，并说道："君王已经把政事委托给我了，你快走吧，否则休怪我不留情面。"王孙雒于是泪流而去。

越王勾践最终在范蠡的帮助下，下定决心，灭亡了吴国。吴王夫差最后也成了越国的阶下囚。勾践好像还有些怜悯之心，于是派人跟吴王说，封给其甬东之地，管理300户人家。吴王夫差悲愤交集、羞愧难当，于是流着泪说："我老了，不能再服侍大王了。我真后悔没有听伍子胥的话，竟落得了今天的下场。"说完之后，夫差就拔剑自刎。

越国攻灭吴国后，吞并了吴国的土地，使越国一跃成为周王室东南方的一个诸侯强国。

## 泛舟五湖，范蠡与文种的结局

越王勾践灭掉了吴国之后，在文台之上置备酒宴，大宴群臣，共庆灭吴之功，乐师们也作曲高歌，颂扬勾践灭吴的功德。然而，在欢愉的气氛之中，勾践却毫无喜色。范蠡了解勾践，他这个人只爱土地财物，不吝惜臣民百姓的死活，即使现在亡国之恨已报、国家富强安定，他依然不会满足。

果然，越王勾践杀死了吴国的奸臣伯嚭，稳

定了越国的朝局之后，便要求范蠡、文种继续帮他完成称霸中原的伟业。范蠡早已看出越王勾践可以共患难，却难以共安乐，于是给勾践写了一封辞信说："我听闻主上心忧，臣子就应该替主分忧；主上受到屈辱，臣子就该死难。从前在会稽之时，君王受辱，而臣之所以不死，是为了替主报仇雪恨。现在君王已经雪耻，我请求治臣使君王当年在会稽受辱之罪。"

越王勾践看到范蠡的信后，就立即召见他，问道："现在你功高位尊，无所忧患，正是尽享富贵的时候，为何轻言放弃呢？"范蠡则搪塞掩饰，不肯正面回答。勾践则先是泣涕挽留，不成又加以威胁，说："你要是真走了，我就杀了你的妻子！"范蠡早已坚定离开越王之心，软硬不吃，于是对勾践说："君子应该适应形势，有计划而不急于成功，死了也不怕别人猜疑，内心也不觉自欺。我辞退而去,我的妻子又有什么罪过呢?"于是,范蠡毅然而去,泛舟于三江五湖之上。据说,越王勾践在范蠡走后封给他妻子土地,还铸了他的金像立于座右,以显示不忘旧故,并早晚相与论政。

范蠡只对其家人说出了离开越王的真正原因。他说:"盛名之下,其实难久;人不知止,其祸必生。勾践可与共患难,难与同安乐,这样的君主岂能轻信?"他的家人因为不想放弃眼前的荣华,便说道:"富贵得来不易,眼下正是再进一步的时候,机不可失啊。"

范蠡长叹一句道:"人的一念之差往往决定着生死福祸。若为贪念所系,就悔之不及了。"他带着家人从海路逃到齐国,改名换姓,再创家业。范蠡头脑聪明无比,他经营有方,不长时间,便富甲一方。齐王听说了他的才能,便任他为相。范蠡的想法出乎所有人的预料，他忧心地说："治家能积累千金，居官能升至将相。若不思退，凶险马上就会降临。"

范蠡退回了相印，又决定散尽家财远走。他的家人苦劝不止，便说："这是我们辛劳所得，不贪不占，为何要白白送给别人呢？"范蠡开口说："人贫我富，人无我有，若只取不施，恃富不仁，何不放弃呢？"他把家财分给好友，来到陶邑过着隐居生活。

初到陶邑，范蠡不顾家人的埋怨，自觉无比快乐。时间一长，范蠡又思治业大计。他的家人带有怨气地说："人人思富，个个求财，你富不珍惜，口言钱财无用，今日何必再言此事？钱财有那么好赚吗？"

范蠡轻松一笑说："穷富之别，在乎心也。只要有心，钱财取之何难？"范蠡认为陶邑位于天下的中心，四通八达，正是交易的好地方，他于是以经商为业，求取利润。范蠡的经商谋略也是超群的，没用多久就又积聚了巨万资财，成了当地首富，号称"陶朱公"。

范蠡在将要离开越国之前，曾经找过文种。范蠡对文种说："越王将来是要诛杀你的，你也应该随我一样，及时退隐。"但是文种不以为然，不相信越王会杀他。后来，范蠡还写信给文种，跟他讲："飞鸟射杀完了，好弓就要被收起来；狡猾的兔子猎杀光了，猎狗也就要被烹杀了。越王的脖子很长，嘴尖得跟鸟嘴一样，如此相貌只能够共患难，而不可以同享乐，你为什么还不离开呢？"但范蠡不管如何苦口婆心、忠言逆耳，终究是口说无凭，文种怎样都不相信。

自从范蠡不辞而别以后，一批以前的越国旧

臣也纷纷离开朝堂，留下的大多也渐渐疏远勾践，文种见形势不好，便也常常称病不朝，怠慢朝政。果然，有人向勾践进谗言说大夫文种功高盖主、傲慢无礼，背后又暗地里结党营私、意图谋反等。

尽管文种向勾践百般解释，但是勾践却一直不信任文种，终于有一天，越王勾践将一把宝剑赐给文种，命令道："你曾经教给寡人七种打败吴国的计策，寡人只用了其中三种就攻下了吴国，你就带着剩下的四种计策去替死去的先王出谋划策吧。"文种此时方才醒悟，想起范蠡的劝告，但为时已晚。文种只能对天哀叹道："身为楚国南阳之宰，终为越王之罪囚，后世忠良，定要以我为鉴啊！"言毕，愤然持剑自尽。

范蠡深知"飞鸟尽，良弓藏；狡兔死，走狗烹"的道理，所以求得功名加身之时，就能够急流勇退，果断舍弃那些不能长期拥有的身外之物，从而保住了自己的性命，过得从容洒脱，这也正是范蠡高人一等的谋略吧。而大夫文种不听范蠡的劝告，贪恋权位，对越王勾践的残忍和胸怀认识不足，最后落得赐剑自刎。范蠡与文种的这两种结局也时刻警示着人们，要顺应时势，急流勇退，做出正确的判断与抉择。

孔子

孔子讲学图　清

# 最后的霸主——勾践

越国吞并吴国之后,国土比原先增加了一倍,占据了今天江淮及钱塘江地区的大片领土,国力也骤然增强。越王勾践在报了亡国之仇,消灭了吴国之后,也开始积极寻求霸业,并像吴王夫差一样北上争强。

越王勾践在与中原诸侯交往中,正式聘鲁,还干预了邾国的君位之争,可见越国在诸侯中的强势地位。同时,越王勾践还主持了徐州会盟,俨然成为了新的霸主。《史记·越王勾践世家》中有这样一段记载，越王勾践"以兵北渡江淮，与齐晋诸侯会于徐州，致贡于周元王，王使人赐勾践胙，命为伯。勾践还江南，以淮上地与楚，归吴所侵宋地于宋，与鲁泗东方百里"。由此可见，此时的越国，已与齐、晋这样的大国平起平坐，彰显大国风范。越国的军事实力也称雄于江淮之间，东方诸侯都来向越王朝贺。越王勾践于是建立起贺台，至此也号称霸王。

虽然春秋时期的重要史料《左传》中并没有记载越国的徐州会盟一事，但是在其他几部年代较早的文献中，还是提及了越国称霸的事情。据《国语》中记载，"越灭吴，上征上国，宋、郑、鲁、卫、陈、蔡执玉之君皆入朝"。另据《淮南子·齐俗训》中记载："越王勾践……胜夫差于五湖，南面而霸天下。泗上十二诸侯，皆率九夷以朝。"而《吴越春秋·勾践伐吴外传》中也明确指明了越国号令各国诸侯参加会盟,"勾践乃使使号令齐、楚、秦、晋,皆辅周室,血盟而去。"从这些文献资料中可以看出,越国已经与齐、楚、秦、晋这样的大国平起平坐,甚至还在交往中占据上风,越国的霸气自然而现。

要注意的是,越王勾践在将要灭吴之前就彰显了他称霸的野心。根据《左传》中的记载,在鲁哀公二十一年(公元前474年)"夏,五月,越人始来"。而晋朝人杜预在对《左传》的注疏中认为:"越既胜吴,欲霸中国,始遣使适鲁。"按照杜预的看法,越国是在即将要战胜吴国之前,就积极筹备起称霸中原的计划,因而才派使者出使鲁国,加强往来。而鲁国一直是遵从周礼的国家,因而在春秋各国中具有重要的地位,越国与鲁国加强交往也是在努力摆脱自己与当年吴国类似的文化处境,希望得到中原诸侯的认可。

在徐州会盟之后,越王勾践还再次显示了他

的称霸决心与越国的超强实力。由于秦厉共公没有听从勾践的号令参加会盟，因而勾践决定率兵攻伐秦国。《吴越春秋·勾践伐吴外传》对这件事是这样记载的，秦厉共公"不如越王之命，勾践乃选吴越将士，西渡河以攻秦。军士苦之。会秦怖惧，逆自引咎，越乃还军。军人悦乐，遂作河梁之诗。曰：'渡河兮渡河梁，举兵所伐攻秦王。孟冬十月多雪霜，隆寒道路诚难当。阵兵未济秦师降，诸侯怖惧皆恐惶。声传海内威远邦，称霸穆桓齐楚庄。天下安宁寿考长，悲去归兮何无梁。'自越灭吴，中国皆威之。"

从《吴越春秋·勾践伐吴外传》的这段叙述中，可以知道越王勾践曾率兵准备攻伐秦国。可能是由于秦国惧怕了越国的军事实力，因而向越王引咎自责，越军才没有与秦国打起来。而从越军的歌谣中也可以看得，越国常年征战，士兵们已苦战久矣，因而也都不愿长途侵秦，这可能也是越王决定撤军归国的原因。但不管怎样，越国在灭了吴国之后，实力大增，已然威震各国诸侯。

此后，越王勾践为了巩固已得的霸业，于是将国都从会稽迁到了山东琅琊，试图以中原诸侯的身份号令群雄。此时已是春秋末期战国初期，越王勾践因此成为了春秋时期最后一个霸主。

越国灭吴，吴越争霸的结束，已经宣告了春秋时代大国争霸的结束，中国春秋时期的历史也步入尾声。越国的强盛、繁荣与称霸则可以看作是春秋时代的最后一吼，而它的衰落、分裂与消亡则可以作为战国时代来临与兴起的一曲悲歌。越国站在了时代的转折点上，而越王勾践的一代伟业，也一直被人铭记。

# 第四章

## 儒道源头,与老子、孔子携行

# 一骑青牛翩然游世

人类哲学有两个源头，一个是古希腊哲学，另一个就是中国的老子哲学。老子也因其深邃的哲学思想而被世人尊为"中国哲学之父"。

老子是我国春秋时期的思想家，道家学派的创始人，全世界最早具有朴素辩证法思想的伟大哲学家。有关他的生平事迹已难详考。

根据《史记》的记载，老子姓李，名耳，字聃，是楚国苦县厉乡曲仁里（在今河南鹿邑）

人。而且他曾经在周朝做过"守藏室之史",即主管王室藏书的史官。据说老子年幼时聪颖好学,曾经师从精通礼乐的商容大夫,后来在老师的推荐之下来到东周的首都洛邑求学,并进入周天子保存典籍文献的守藏室工作。守藏室中保存着天下各国进献给周天子的图书典籍,在这里,老子博览群书、用功学习,学问越来越渊博,见解也越来越深刻。

经过多年的学习和工作,老子不仅熟谙典章制度,对政治上的兴亡治乱也多有见闻,慢慢地,老子的名声传扬在外,连来洛邑游学的孔子也打算来向他请教关于礼制的知识。

孔子非常看重礼制,讲究克己复礼,因此想到周朝都城洛邑去"观先王之制",到礼乐制度的源头去进行实地考察。正好孔子的弟子南宫敬叔是鲁国的贵族,于是孔子便托南宫敬叔向鲁君报告此事，并申请经费和车马人手，看到南宫敬叔亲自来求，鲁君很爽快地答应了为孔子的周都之行提供一车二马一童一御，孔子便在南宫敬叔的陪同下来到了周朝的都城洛邑。

在洛邑，孔子见到了自己仰慕已久的学者老子，并在他的带领下拜访了大夫苌弘，又参观了祭祀神明的明堂和祭祀先王的宗庙，还将守藏室中保存的各种珍本、孤本展示给孔子。

老子引导孔子在洛邑游历了一番以后，孔子便带着随行的弟子专程去拜访老子，诚恳地向他请教"礼"的学问。老子听了孔子的问题之后微笑不语，只是张开了嘴巴问："你看我这些牙齿如何？"孔子师徒莫名其妙地看了看老子七零八落的牙齿，不知何意。随后，老子又伸出舌头问："那么，我这舌头呢？"孔子又仔细看了看老子的舌头，灵光乍现，醍醐灌顶，孔子顿悟，微笑着答道:"先生学识渊博,果然名不虚传!"然后告辞离去。

弟子子路却疑云重重,不得释然。颜回问其何故,子路说:"我们大老远跑到洛邑,原本想求学于老子,没想到他什么也不肯教给我们,只让看了看他的嘴巴,这也太无礼了吧?"颜回答道:"我们这次来不枉此行,老子先生传授了我们别处学不来的大智慧。他张开嘴让我们看他牙齿,意在告诉我们:牙齿虽硬,但是上下碰磨久了,也难免残缺不全;他又让我们看他舌头,意思是说:舌头虽软,但能以柔克刚,所以至今完整无缺。"子路听后恍然大悟。

颜回继续道:"这恰如征途中的流水,虽然柔软,但面对挡道的山石,它却能穿山破石,最终把山石都抛在身后;穿行的风虽然虚无,但它发起脾气来,也能撼倒大树,把它连根拔起……"孔子听后称赞说:"颜回果然窥一斑而知全豹,闻一言而通万里呀!"

孔子离开洛邑的时候,老子前来送行,他对孔子说:"吾闻之,富贵者送人以财,仁义者送人以言。吾不富不贵,无财以送汝,愿以数言相送。当今之世,聪明而深察者,大多难以保全性命,原因就在于他们好讥讽别人的缺点和过失;善辩而通达者,之所以常常招来祸端,是因为他们好张扬别人的罪恶。为人之子,勿以己为高;为人之臣,勿以己为上,望汝切记。"孔子听了诺诺称是,谨记于心。

回到鲁国以后,孔子的学生们请他讲解从老子那里学到的知识,孔子面露欣羡之色,动情地说:"老子博古通今,通礼乐之源,明道德之归,确实是我的好老师。"见弟子们注视着自己等待下文,孔子又说:"鸟,吾知其能飞;鱼,吾知其能游；兽，吾知其能走。走者可以为罔，游者可以为纶，飞者可以为矰。至至龙，吾不能知，其乘风云而上天。吾今日见老子，其犹龙邪！"

周敬王三年（公元前517年），周王室发生内乱，老子早已预见周大势已去，决定离宫归隐。他骑着一匹青牛，只身前往西域。要到西域去，必须经过一个关口，即函谷关，两面两座高耸入云的山峰对峙，中间有一条深险波折的羊肠小道。

一日，守关的长官尹喜到城头瞭望，见辽阔碧空中一团紫气自东冉冉而来，便料定今日必会有圣人到来。尹喜也是好学之人，希望能问道于圣人，于是派人清扫道路四十里，夹道焚香，以迎圣人。果然，没过多久，他在关上远望，看见一个人骑着青牛缓缓而来，风度非凡，细看原来是老子。

尹喜亲自打开城楼上的大厅，请老子坐下，端茶倒水，忙个不停。老子不卑不亢地坐下，朝窗外一望，只见黄土平原延伸到天际，苍苍茫茫，没有尽头。函谷关地势险要，路上人来车往，一目了然。

尹喜恭敬地对老子说："我仰慕您的道德学问，想拜您老为师。"老子道："我已老了，腹中空空，没有什么学问，怎么好意思开口教人呢？"尹喜见他推托，便很客气地告诉老子要想出关，必须出示官方的通关文书。老子本是辞官归隐之人，自然没有什么通关文书，顿时十分为难。

尹喜见状，忙殷勤地说："如果您能将您的学问道理著录下来传给我，弟子自然放老师出关。"老子无法，只好接过尹喜递上的笔，一口气在竹简上洋洋洒洒写下了五千个字，这就是后世称为

《老子》的一部书。因为这书上篇开卷谈"道",下篇首章谈"德",所以又称《道德经》。老子之所以自著五千文,一方面由于关令的"胁迫",另一方面也是知音难觅。尹喜拿起老子写好的书稿,认真拜读,最后决定放弃官职,与老子一同出走西域。从此以后,老子飘然远去,不知所终,消失于历史茫茫的烟尘之中。

# 老子的爱好

《道德经》是老子的代表作,分《德经》和《道经》两篇,是我国现存的历史上第一部完整的哲学著作。这部书在春秋时期被称作《老子》,道教兴起以后被尊为经典,故而被称为《道德经》;因为这本书只有约五千字,所以又被称为《五千言》或《老子五千文》。本书共八十一章,字数虽少,却蕴含了丰富的哲学内容,有朴素的辩证法思想,成为道家哲学思想的重要来源。

据说当年老子骑青牛过函谷关的时候,守关的令尹喜知道他将隐居,便请老子留下著作,于是老子写下了五千字,这就是老子传世的唯一著作《道德经》。国学大师胡适曾经评价老子为"中国哲学的鼻祖,是中国哲学史上第一位真正的哲学家"。老子在《道德经》中揭示了事物之间的对立统一关系:"祸兮,福之所倚;福兮,祸之所伏。"他也认为:"有无相生,难易相成,长短相形,高下相盈,音声相和,前后相随,恒也。"也就是说,事物的存在都是相互依存,而不是彼此孤立的。

《道德经》中还蕴含着老子的政治理想,他提出的"无为而治"观点是历代道家学说的主要内容。"无为而治"主要是针对政治上的"有为"而言的,在老子看来,"有为"政治带来的祸害非常严重。防禁越多,人民越陷入贫困;法令越森严,盗贼越增加。统治者征收大量赋税,造成人民饥饿；统治者越是强作妄为，人民越是难以心服口服。

老子强烈反对"有为"的政治。他说，大路很平坦，君主却喜欢走斜径；朝政腐败了，弄得农田全都荒芜；仓库十分空虚，统治者还穿美服，佩带锋利的宝剑；统治者吃厌了精美的饮食，却还要搜刮更多的财货。针对这个问题，老子提出统治者应该"无为而无不为"。

"无为而治"指的是，统治者在管理人民时采取顺其自然的手段，少一点欲望，少一点作为，这样人民的生活环境相对宽松，反抗行为相对也就较少。反之，越是"有为"的政治，给民众带来的压迫越多、压力越大，人民的反抗也越激烈，不利于政权的巩固。

《道德经》中的理论除了被用于治国和修身，还被广泛运用于兵法甚至中国武术。说《道德经》是太极思想的源头其实不是很确切，老子吸收了《易》的阴阳理论，结合自己对宇宙的理解和参悟，书中"道生一，一生二，二生三，三生万物。万物负阴而抱阳，冲气以为和"就是具体的有关宇宙万物起源的阴阳理论。

而在兵法、武学中引用阴阳理论是中国古已有之的惯例，不仅武学中运用到《道德经》，在兵家理论中也深受《道德经》的影响。中国古代的兵家论著最有名的要数《孙子兵法》和《孙膑兵法》了，然而，《孙子兵法》中的很多兵家理论也可看出老子的道家理论的影子来，比如"夫兵形象水，水之形，避高而趋下，兵之形，避实而击虚"。这其中蕴含的虚实相生相克的道理，与老子的阴阳相生相克的原理如出一辙。

因此说，《道德经》一书对历代的武学家、兵家都有很大影响，甚至有人说《道德经》就是一部兵书。那么，《道德经》这部书中究竟阐述了怎样的兵家理论呢？《道德经》第三十六章讲道:"将欲歙之,必固张之;将欲弱之,必固强之;将欲废之,必固兴之;将欲夺之,必固与之。是谓微明。柔弱胜刚强。鱼不可脱于渊,国之利器不可以示人。"

这一章讲到得与失、兴与废、强与弱之间的辩证关系,也包含了兵法中的基本理论,就是弱兵遇强军时,应采取什么样的应对之策以化解自身危机。

当敌我双方力量悬殊的时候,要如何保存自身,甚至反败为胜呢?老子给予了明确的回答,就是"国之利器不可以示人"。这也是"大道无形"的另一种阐述,即当对手想找到自己的弱点时,却连个人影都摸不着,自己根本就不肯暴露在对手面前,那么自己的缺点也就不会被对手知晓,更遑论对手如何出击了。

所以,尽管老子一生没有带兵打过仗,《道德经》一书中也没有明确提及任何作战理论,但是《道德经》中阐述了宇宙中万事万物的基本原理，它的哲学思想适用于任何领域。

从16世纪开始，《道德经》就陆续被翻译成了德文、英文、日文、拉丁文、法文等各国文字出版发行。迄今为止，《道德经》的外文译本已经有了一千多种。

多年以来，《道德经》不仅对日韩等亚洲国家产生过深远的影响，甚至对于近现代的许多西方文学家、哲学家也影响颇深，其中就包括俄国文豪托尔斯泰等人。直到今天，《道德经》仍然在影响着我们每一个人。

# "私生子"孔丘

孔子的影响力使他成为后世人们尊称的"至圣"。2008年北京奥运会开幕式文艺表演的主线就是"乐礼善学，尚中贵和"的儒学精髓。又一次把这位儒家学派的创始人推到了历史的巅峰，各个国家相继创设孔子学院更是其影响力的体现。

那么这位伟大的思想家和教育家的出身却一直以来没有确切的定论，虽然英雄不问出处，但是作为世界文化名人，他的出身也是大家较为关注的话题。

第一种说法，孔子就是"私生子"。

《史记·孔子世家》中这样记载："孔子生鲁昌平乡陬邑。其先宋人也，曰孔防叔。防叔生伯夏，伯夏生叔梁纥。纥与颜氏女野合而生孔子，祷于尼丘得孔子。鲁襄公二十二年而孔子生。生而首上圩顶，故因名曰丘云。"字仲尼，姓孔氏。蔡尚思主持编著的《孔子思想体系》一书中提到孔子的母亲颜氏一直向孔子隐瞒有关其父的情况。孔子也曾对弟子们说"吾少贱也"，从上面我们可以得出孔子是私生子并不是空穴来风。

第二种说法，"不合规矩的结合：谓之野合"。

孔子的父亲为叔梁纥（叔梁为字，纥为名），母亲为颜徵在。叔梁纥是当时鲁国有名的武士，人品出众，建立过两次战功，因曾单臂托住悬门让冲进城池的部队撤出而闻名。曾任陬邑大夫。叔梁纥先娶妻施氏，生九女，无子。又娶妾，生一子，取名伯尼，又称孟皮。孟皮脚有毛病，依照当时的礼仪不宜继嗣，于是又与年轻女子颜徵在生孔子。

这个说法中，叔梁纥结了两次婚，生了九女一男，这样他的年龄应该已经很大了，但是为了传宗接代必须还得生一个健康的儿子，他必须再结一次婚，这样他就找到了颜氏，然后生下了孔子。司马贞《史记索引》记载："今此云野合者，盖谓梁纥老而徵年少，非当壮室初笄之礼，故云野合，谓不合礼仪。"

第三种说法，"祈求赐子""梦孕而生"。

据《论语撰考谶》称，孔子是黑帝之后，"叔梁纥与徵在祷尼丘山，感黑龙之精，以生仲尼"，另外，在这本书里还提到有关颜氏在梦里怀孕生下孔子的说法。这些说法固然不宜采信，但是也为孔子的传奇身世增加了不少神秘色彩。

无论孔子到底是私生子还是"野合"而生，他的童年生活都充满了正常孩子难以想象的坎坷。孔子才三岁的时候，他的父亲叔梁纥就去世了，孔子的母亲十几岁就嫁给了他的父亲，没过几年就做了寡妇，夫家因此嫌弃她，不允许她去送葬。孔子长大以后想去父亲的墓地祭拜，他的母亲也无法指出叔梁纥墓地的确切地点。直到孔子的母亲去世后，才有人告诉了他父亲墓地的位置，使他得以将父母合葬。

不过孔子毕竟是鲁国这个礼仪之国的大夫之子，受到了一定的熏陶，他小时候做游戏，不像其他孩子那样玩些小孩子的游戏，而是模仿大人们的祭祀礼仪，摆上一些祭祀礼器，然后行礼如仪。

孔子自幼好学，而且聪颖机敏，很快就声名远播，鲁国的大夫孟釐子，弥留之际嘱咐他的继承人孟懿子说:"孔子是圣人商汤的后裔,祖上有很多名臣贤士,我听人说圣人的后代即使不能做国君,也必当出现显达之人。现在孔丘年纪轻轻就精通礼法,岂不是显达之人吗?我死之后,你一定要以他为师。"孟釐子去世以后,孟懿子果然带着弟弟南宫敬叔拜孔子为师,向他学习礼法,后来南宫敬叔还曾经随同孔子到周朝都城洛邑去游学。

孔子年少时虽然家贫而且地位低贱,但是他却从来没有放松过各方面的学习。史书上记载"孔子长九尺有六寸,人皆以'长人'而异之",先秦时候的一尺,相当于现在的0.66尺,推算下来,孔子的身高至少在2米。有了这样优越的身体条件,孔子广泛涉猎周代贵族教育中"礼、乐、射、御、书、数"等六艺。其中"射"即是射箭,"御"即是驾驭战车,这两样都是在激烈的战场厮杀中才会用到的技能,孔子以精通六艺闻名于天下，可以肯定的是，他对于射箭和驾驭战车都十分擅长。

除此以外，孔子还精通兵法，他说"以不教民战，是谓弃之"，意思是平时不对老百姓进行军事训练，一有事就仓促征召其上战场，这无异于叫他们白白送死。所以，虽然主张"仁爱"，倡导和平、反对战争，但孔子深知身当乱世，强大的军事力量才是立国立身之本，因此他非常重视"足食足兵"。季氏是鲁国大夫，孔门弟子冉有曾为他将兵打仗。胜利归来，季氏问冉有："先生的兵法是跟谁学的？"冉有说："自然是跟老师学的。"以此看来，孔子很可能是一位深通兵法的大行家。

为了将自己一身所学传授给更多愿意学习的人，孔子打破了贵族对于学校教育的垄断，创办了私学，广招社会各个阶层之人入学。在他的弟子中，既有孟懿子、南宫敬叔兄弟这样的贵族公卿，也有普普通通的平民，甚至有改邪归正的大盗，其中子路原是不知礼的"野人"，仲弓之父为"贱人"，子张出身于"鲁之鄙家"，颜涿聚原是"梁父之大盗"。

经过孔子因材施教的悉心教导，这些经历、资质各不相同的弟子大多都成了才，并且形成了"弟子三千，贤者七十二"这样蔚为壮观的成果。为了纪念孔子为教育事业做出的突出贡献，后人将他尊为"大成至圣先师"和"万世师表"，汉武帝"罢黜百家，独尊儒术"之后，几乎所有的士人学子都成了孔门弟子。儒学思想甚至远播海外，对东亚乃至世界都产生了深远的影响。

# "仁"字为先的政治生涯

孔子生活在春秋晚期,当时中原各国的政权被卿大夫占据,进而又落入大夫的家臣手中,各国因权力争夺而爆发的内乱此起彼伏。晋国在卿大夫的把持下,常常向东方挑起战端,而南方又有残暴好杀的楚灵王屡次北侵。鲁国是既小又弱的国家,而且又靠近大国齐国,地位十分尴尬,如果依附楚国则会得罪晋国,如果依附晋国,楚国又会前来讨伐,如果稍稍放松对齐国的防备,齐国又会侵犯鲁国的领土。

就是在这种情况下,孔子踏入了仕途。孔子的第一份职位是委吏,也就是主管仓库的小吏,后来又做过主管畜牧的小吏,可以说孔子官场生涯的起点并不高。不过,机会在他三十岁的时候悄然到来。

鲁昭公二十年(公元前522年),齐景公与晏婴到鲁国来访问,此时孔子在鲁国已经颇有声望,还收了不少弟子。齐景公听说了孔子之名,便特地向孔子询问治国之道,并举出秦国的例子问:"昔秦穆公国小处辟,其霸何也?"孔子说:"秦国虽然是小国,但国君胸怀大志,虽然地处偏僻,但行事方正,善用人才。秦穆公与百里奚倾谈三日,听取为政的道理,有了这样的国君,取天下也不是不可以,称霸只是太小的成果了。"齐景公听了觉得很有道理,便对这个颇有见地、思想深远的鲁国年轻人留下了很好的印象。

几年以后,鲁国掌握大权的三家卿大夫联合起来攻打鲁昭公,鲁昭公溃败,于是就逃到了齐国,齐景公便将鲁昭公安置在乾侯邑。此时鲁国政局一片混乱,孔子也逃到齐国避难,并且投奔在齐国大夫高昭子门下做家臣,希望能通过他面见曾经赞赏自己的齐景公。

不久之后,齐景公果然召见了孔子,并且向他询问如何为政,孔子很爽快地回答:"君君,臣臣,父父,子子。"当时齐国大权正被大夫田常所把持,齐景公正苦恼于这种君不君臣不臣的情况,听了孔子此言十分赞同:"您说得是,如果君不君,臣不臣,父不父,子不子,就算有食物,我能吃得上吗?"

过了几天,齐景公又向孔子问政,孔子说:"为政之道,关键在于节财。"齐景公便想以尼溪田封孔子,却被晏婴劝阻了。晏婴认为儒家学说华而不实,既不能教导别人为臣下的道理,也不适合教化风俗，更不应该用以治国。于是齐景公以后会见孔子，就不再询问孔子擅长的礼制学问了。

过了几天，齐景公对孔子说："我没办法给予你像季氏在鲁国那样尊崇的地位，不过我可以给你像鲁国的孟氏那样的地位。"鲁国有三卿，其中季氏是上卿，地位最为尊贵，而孟氏是下卿，没有实权。即便如此，孔子身为初来乍到的异国人，竟然能在齐国得到下卿的地位，还是引起了齐国大夫的嫉妒，他们打算联合起来陷害孔子，孔子听说了此事便向齐景公求助。齐景公叹息了一声说："我老了，不能任用您的大才了。"孔子听了这话，只好离开齐国，返回鲁国去了。

齐国一行虽然没能让孔子留在齐国这样的大国中得到显赫的地位，但是由于他在齐国很受齐景公的器重，因此他在各国间的名声也越来越响，鲁国的当权者也逐渐注意到了他。几年以后，鲁定公将孔子任命为中都宰，孔子的工作很有成效，一年以后，各国都来效法他的做法。因此，不久以后，孔子就升任了司空，后来又升为大司寇，此时的孔子已过知天命之年。

当时南方的吴国实力强盛，有"北伐中原，称霸诸侯"之意，为了抵御吴国的威胁，齐国联络诸侯，并邀请鲁定公到齐鲁交界的夹谷进行会盟。齐国大夫黎鉏对齐景公说："鲁国重用孔丘，恐怕将要大发展了，到时候一定会威胁到齐国。"于是齐景公便打算在这次会盟上试探鲁国的态度。

会盟时间临近，鲁定公打算乘车前往，并且带孔子一同与会。孔子说："臣听说有文事者必有武备，有武事者必有文备。古代诸侯离开自己的国土，必定带着官员随从，请您带上左、右司马，保护您的安全。"鲁定公觉得有理，便带上了左、右司马，让他们各自率领五百乘战车远远跟随护卫，同时还让大夫兹无还率领三百乘战车埋伏在夹谷附近候命。

鲁定公一行到达齐国以后，双方依礼相见，共同登上盟台。齐国的司仪上前奏报："请奏四方之乐。"于是便有齐国的莱人舞者佩戴羽毛饰品，手执兵刃，敲着鼓大声喊叫而来。这时齐国大夫犁弥对齐景公说："孔丘知礼而无勇，如果命莱人趁乐舞之际劫持鲁定公，就可以使鲁国对我们有求必应了。"齐景公便悄悄命令舞者趁乱劫持鲁定公。

孔子见事态不对，急忙护着鲁定公后退，并召来鲁国的兵士护卫，然后质问齐国方面说："如今不是当年齐国称霸诸侯的时代了，齐鲁两国的国君在此友好会盟，为什么奏这样的夷狄之乐，还派俘虏的夷人携兵刃乱舞？这样做于神为不祥，于德为愆义，于人为失礼，这样做贵国也不能认同吧？"

齐景公见孔子防护严密，舞者不能得手，便命令他们退下。不一会儿，齐国司仪又上前请示："请奏宫中之乐。"于是又命一群侏儒和倡优出来演出。孔子愤怒地指责齐国人："这些人来惑乱视听、侮辱诸侯，其罪当诛！"于是便命人将一众表演者处死。齐景公很是害怕，知道自己做事没有鲁国那样光明磊落，回国以后便责备群臣："鲁国的大夫以君子之道辅佐国君，而你们却用夷狄之道来教我，导致我得罪了鲁国国君，现在如何是好？"有大臣建议将以前齐国从鲁国侵夺的郓、汶阳、龟阴三处土地还给齐国，作为赔罪。鲁国收回了这些失地之后特地在此建城，来表彰孔子的功劳。

## 出外游学不容易

中年以后，孔子曾担任过鲁国的中都宰，后升任司空、司寇等职。当时鲁国内部三家专权，为抑制其势力，孔子向鲁定公提出"堕三都"的主张，未果。这一失败给孔子带来了沉重的打击。此时的鲁国，鲁君怠政、季氏干政，孔子意识到其政治理想已无法在鲁国实现，无奈之下，他不得不离开鲁国，开始了长达十四年周游列国的生涯。

孔子和其弟子到达的第一站是卫国。此时正是卫灵公在位期间，由于治理得当，卫国颇有些太平景象。孔子见此即发表了他的政治理论，《论语》载：子适卫，冉有仆（驾车）。子曰："庶（人口稠密）矣哉！"冉有曰："既庶矣，又何加焉？"曰："富之。"曰："既富矣，又何加焉？"曰："教之。"

在卫国，孔子得到了很高的礼遇。卫灵公问孔子："居鲁得禄几何？"对曰："奉粟六万。"卫人亦致粟六万。然而好景不长，卫灵公听信别人挑拨，派公孙余假去监视孔子，孔子"恐获罪焉"，于是在卫国居住十个月后，黯然离开，这也是他第一次离开卫国。

从卫国出来后，孔子带着弟子们到达匡地，没想到在此遇到了麻烦。匡人曾被阳虎侵略过，因为孔子与阳虎长得有些相似，所以匡人把他当成阳虎围了起来。被围困整整五天后，孔子一行人才得以离开匡地。之后，孔子等人到达蒲地，一个多月后，他们再次回到卫国。

这时卫灵公宠爱的南子夫人派人来转告孔子，要求他一定要去见见她。虽然孔子十分不情愿，但还是去拜见她了。这一次的见面并不愉快，孔子对南子夫人的印象就更差了。并且，此时的卫灵公贪于享乐，过分宠溺南子夫人，这些都令孔子感到厌恶，因而在卫国待了一个多月后，孔子再次离开，动身前往曹国，这一年恰逢鲁定公去世。

孔子等人并未在曹国做过多停留，之后他们来到宋国，在这里孔子又遇到了一个不小的麻烦。他们刚在一棵大树下演习礼仪，宋国的司马桓魋就因旧怨而把树砍掉了。为免遭迫害，孔子只好逃往郑国。在路上，弟子们都催促他快点走，孔子淡定地回答："天生德于予，桓魋其如予何？"

到达郑国后,孔子不慎与弟子们走散,他只好站在城东门发呆,与此同时,子贡等人正在心急火燎地寻找着孔子。郑国人就告诉子贡:"东门有一个人,他的额头像尧,他的脖子像皋陶,他的肩膀像子产,然而自腰以下还不到禹的三寸。憔悴颓废的样子好像一条丧家之犬。"子贡到东门一看,果然是自己的老师。子贡将郑国人的话如实告诉了孔子。孔子欣然笑道:"外形上的描写不一定正确,然而说我像丧家之犬,是这样的!是这样的!"

从郑国离开后,孔子等人来到了陈国,一住就是三年。陈国君王非常赞赏博学多识的孔子,并向他请教了许多典故。然而此时陈国兵力微弱,时不时就遭到吴、楚等大国的骚扰和进攻,孔子所宣扬的"仁""礼"并不能起到扭转局势的作用。因而,孔子只好带着弟子们离开风雨飘摇的陈国,前往蔡国。

楚王听说孔子是个有智慧、有德行的人，在听说他已经到了陈、蔡交界处后，便决定派人去聘请孔子。当时楚国是个大国，孔子觉得如果能借着楚国的影响将自己的学说发扬光大，无疑是件好事，于是，他欣然答应了楚王的邀请。

就在孔子收拾停当，准备和弟子们踏上去楚国的道路之际，陈、蔡两国的大夫们聚在一起动起了歪脑筋。他们说："孔子是贤能的人，他在这里已经住了三年，我们的所作所为都不合他宣扬的思想，现在楚这样的大国来聘请他，如果他在楚国得到重用，我们这些大夫就危险了。"

于是这些人派兵把孔子和他的弟子们围困在了前不靠村，后不靠店的山野之中。几天以后，孔子一行人所携带的粮食都已吃完，一些体弱的弟子相继倒下，面对有些凄凉的场景，孔子并没有改变自己的志向，依然弦歌不辍。大家都劝孔子不要再去楚国了，早点打道回府就不会挨饿受冻。子路语带嘲讽地对孔子说："君子也有穷厄的时候吗？"

孔子说："君子穷厄是很正常的事情。难道我们因为穷厄就放弃我们的理想，就不去推行我们的道吗？君子能修其道，却不一定能为世俗所容。看来你的志向并不远大呀！"

孔子又问颜回："诗云'匪兕匪虎，率彼旷野'。难道我的道不对吗？为什么我会到这个地步呢？"颜回说："夫子推行您的道就是了，天下不容，又有什么关系呢？道不修而遇穷途就放弃，就是我的耻辱。"

孔子为了宣扬自己的道德理想，虽在陈、蔡之间被困多日，但依然不改其志，没有放弃去楚国的打算。后来，楚昭王兴师来迎孔子，结束了陈蔡之厄。

到了楚国后，孔子本以为这回终于能好好宣扬自己的政治主张了，并且楚王也"欲以书社之地封孔子"，没想到却因令尹子西的反对而搁浅了。受挫后的孔子无奈之下只好再次回到卫国，过了几年，在其弟子冉求的努力下，孔子被迎回鲁国，也由此结束了他为期十四年的羁旅生涯。

孔子周游列国，行程数千里，历尽艰难，四处碰壁，但他却始终能保持自信，不动摇其政治主张。

回到鲁国后的孔子，仍是被执政者敬而不用。孔子也意识到自己年事已高，已无法在政治上有大作为。因而他在教育学生之余，还进行古代文献的整理和删定。相传，《诗》《书》《礼》《易》《春秋》等都是由孔子整理而成的。

# 第五章
## 百家先声,悉数文化之祖

# 此孙子非孙子

孙武，字长卿，其生平事迹最早见于《史记·孙子吴起列传》，为陈国公子陈完后裔，孙书之孙，孙凭之子。作为春秋末期兵家的代表，孙武被后人尊称为孙子、兵圣、兵学的鼻祖等。

出身于齐国贵族世家的孙武，受家庭环境的影响，从小就饱读兵书，对军事非常感兴趣。加上孙武所处的时代，战争频繁、诸侯国之间相互兼并，这让他逐渐形成了自己的战争理论。但是，孙武生活的齐国内部矛盾重重，已经是朝不保夕了。孙武感到齐国大势已去，对内部权力争斗非常抵触，不愿纠缠其中，于是产生了远走他乡的念头，希望找到属于自己的舞台来施展才华。

当时，南方的吴国联晋伐楚，国势强盛，大有崛起之势。孙武认定吴国是他实现抱负的地方，于是毅然离开齐国，经过长途跋涉，投奔吴国而去。孙武一生中的重要事件都是在吴国发生的，死后亦埋葬在吴国，因此历史上一直把孙武称为"吴人"。

孙武在吴都（今苏州市）郊外结识了楚国名臣伍子胥。伍子胥因为家门的牵连，被迫流亡到吴国。他也是一个很有志向的青年，希望在吴国有所建树，将来为家人报仇。两人结识之后，发现彼此意气相投，遂成为挚友。孙、伍二人避隐在吴国的市井当中，等待机会面见吴王。

鲁昭公二十七年（公元前515年），吴国阖闾当政之后，礼贤下士，任用了一批贤臣，其中就有伍子胥。阖闾体恤民情，注重农业生产，积蓄粮食，修路筑城，训练军队，一时间，吴国民心振奋，呈现出一派欣欣向荣的景象。阖闾立志要强盛吴国，灭楚称雄。这一切都被孙武看在眼里，因此他在隐居之地，一边灌园耕种，一边写作兵法，其旷世名著《孙子兵法》即于此时写成。

阖闾采取的一系列有效治国政策，让孙武意识到他是一个有所作为的君主，因而不久孙武便经由伍子胥，将其所著的《孙子兵法》十三篇献给吴王。吴王阖闾看后大为赞赏，并对其曰："子之十三篇，吾尽观之矣。"随后，为试其治军才能，阖闾令孙武"小试勒兵"。为了增加考验的难度，吴王问："可以用妇女进行试练吗？"孙武毫不犹豫地回答："可以。"于是吴王派出宫中美女一百八十人,让孙武演练阵法。

结果吴王的难题没有难倒孙武,由宫女组成的"军队"在孙武的指挥下,"中规矩绳墨",这就是历来广为流传的"吴宫教战"故事。孙武的演练虽然很成功,可是吴王并不领情,一句"将军罢休就舍,寡人不愿下观"就想把他打发了。孙武毫不客气,当面指责吴王"徒好其言,不能用其实",令吴王羞愧不已。最终知人善任的吴王拜孙武为将,使孙武成为他的得力将领。

孙武所献的《孙子兵法》十三篇,总共六千多字,在字数上还不及现在一个本科生的学士论文,但是其中说提及克敌制胜的战略战术,几乎成了军事理论上无法超越的经典。孙武向吴王推荐自己时曾说过:"将听吾计,用之必胜,留之;将不听吾计,用之必败,去之。"这既是他对自己的才华非常有信心,也是对《孙子兵法》的价值予以肯定。

上任伊始，孙武杰出的军事才能就初现端倪。当时，吴国如果想要往外扩张，就必须要先消灭一个强劲的对手——楚国，对此吴王并没有十足的把握。这时，孙武提出先消灭楚国的保护国，再寻良机进攻楚国，他的这一策略得到了吴王的采纳。在孙武的带领下，吴军很快消灭了楚国的两个保护国——钟吾国和徐国。这时，处于胜利喜悦中的吴王想要趁机进攻，一举拿下楚国，但却遭到了孙武的反对。因为孙武经过一番冷静思考后，觉得此时吴军已十分疲惫，不宜再继续作战，否则将损失惨重。吴王听后觉得有理，便引兵回国。之后，吴国采取伍子胥的"疲楚误楚"策略，对楚国只骚扰不进攻，使楚国逐渐对吴国放松了警惕。

如果说孙武之前取得的胜利只是其崭露头角的表现，那么接下来的"大破楚军"则证明了其不愧是一位杰出的军事家。鲁定公四年（公元前506年），吴国的保护国蔡国遭到了楚国的进攻，弱小的它只好向吴国求助。趁此机会，吴王亲自率领三万吴军向楚国进发，随从的有其弟夫概、伍子胥、孙武、伯嚭等。当时随同作战的，还有唐国。为在较短的时间内取得胜利，孙武采取避实就虚的策略，在蔡、唐的协助下，率领三千五百名精锐士兵迂回前进，很快攻克了楚国北部的三个要害之地，并抵达汉水东岸。楚昭王闻讯大惊，迅速派出大将沈尹戌、襄瓦等出兵抵抗吴军。

经过一番商议后，沈尹戌决定由襄瓦来拖住吴军主力，自己则负责从后方进攻，对吴军形成前后进攻之势。这本是一个能置吴军于死地的策略，然而在实施的过程中却发生了变化。急功近利的襄瓦不等沈尹戌从后面进攻吴军，即率先对吴军发起进攻，孙武见此，采取以退为进的策略，退至大别山。本以为占尽先机的楚军趁机发起多次进攻，结果皆惨败，士气也随之下降。眼见楚军已疲惫不堪，孙武决定对楚军发起总进攻，与楚军在柏举进行决战，与此同时，吴王之弟夫概私自率五千士兵进攻楚军，楚军阵脚大乱。见此，吴王趁机投入主力，楚军纷纷溃退，吴军乘胜追击，于柏举西南的清发水、雍澨击败楚军残部。

沈尹戌闻讯即由方城率兵回救，但已无力回天，惨遭吴军打击，沈尹戌亦战败而亡；之后，吴国还于麦城再次大败楚军。经过五战五胜后，吴国成功消灭楚国，这就是历史上有名的"柏举之战"。《史记·孙子吴起列传》中有："（吴国）西破强楚，入郢；北威齐、晋，显名诸侯，孙子与有力焉！"入郢，即指柏举之战。在这场大战中，孙武仅凭三万吴军即消灭了强劲对手楚国，他也凭借这一战一举成名、威震四方，其突出的军事才能亦在此战中得以充分展现。

吴王阖闾死后,孙武及伍子胥继续发挥才能,帮助阖闾之子夫差治国练兵,并助其大败勾践。

随着吴国霸业的蒸蒸日上,夫差渐渐自以为是,不纳忠言。他听信奸臣的挑拨,不仅不理睬伍子胥的苦谏,反而制造借口,逼其自尽。孙武深知"飞鸟尽,良弓藏;狡兔死,走狗烹"的道理,对伍子胥惨死十分心寒,于是便悄然归隐深山,修订兵法,使其更加完善。

史书中对孙武的后期生活并无记载,其卒年、葬地皆为传说而已,都无史可考。

# 战神秘籍

《孙子兵法》是中国历史上一部经典的、影响深远的军事著作,在北宋朝廷作为官书颁行的兵法丛书《武经七书》中被列为首位,也是世界上现存最古老的兵书,书中充满了很多睿智的战略思想。

据说滑铁卢战役失败后,拿破仑在百无聊赖的囚禁生涯中无意间看到传教士翻译的《孙子兵法》,痛心疾首地说:"如果我二十年前就能读到这本书，历史将被改写！"《孙子与现代战争兵法》作者马克·麦克尼利，在书中写道："《孙子兵法》是高等军校学生必读的一本书，已经融会在美国陆军和海军陆战队的军事学说之中。"

《孙子兵法》全文共六千余言，分十三篇。《始计》讲的是庙算，是全书的纲领，即出兵前要比较敌我条件，估算胜负的可能性，并制订作战计划。《作战》主要是战前动员。《谋攻》则强调智取，不能蛮用武力，而要采用各种手段降敌。《军形》《兵势》是讲决定战争胜负客观因素和主观因素。《虚实》讲的是如何通过分散集结、包围迂回的策略，造成我强敌劣的局面，最后以多胜少。《军争》讲的是如何夺取会战的先机之利。《九变》讲的是将领要随机应变，制定不同的战略战术。《行军》是讲如何在行军中宿营和观察敌情。《地形》则是关于六种不同的作战地形及相应的战术要求。《九地》讲的是"主客"

形势下的九种作战环境及其战术要求。《火攻》讲的是进攻中如何巧妙用火。《用间》则是战争过程中间谍的配合使用。

《孙子兵法》是我国古代军事思想和作战经验相结合的天才产物，是古代兵学理论的集大成者，它是我国古代流传下来的最早、最完整、最著名的军事著作，在中国乃至世界军事史上都占有重要的地位。

然而《孙子兵法》的作者是谁，到底是不是吴国将军孙武，这个问题却一直困扰着历史学家。

古籍《商君书》《韩非子》都提到"孙吴之书"是指《孙子兵法》和《吴子兵法》，但没有说明其作者就是孙武。直到《史记》问世，司马迁才明确提出《孙子兵法》为孙武所著。

由于司马迁写作严谨，后世对"《孙子兵法》为孙武所著"的说法深信不疑。但是宋代学者陈振孙、叶适却对此提出疑问:《孙子》真是孙武撰著的吗?历史上是否真有孙武其人?清人姚际恒亦赞同其说,认为《孙子兵法》为伪书。然而《汉书·艺文志》载古兵法有《膑孙子》(孙膑)和《吴孙子》(孙武),将孙膑与孙武其人其著区别清楚,实无可疑。明代宋濂的《诸子辨》、清代的《四库全书总目》等著作认为:太史公是严肃认真的史家,其记事立言,翔实可靠,本传中所叙孙武、孙膑事明明白白。

此外,史学界还存有一种意见,认为《孙子兵法》是由孙武与其门徒共同撰著的。这与《论语》的创作方式如出一辙,即孙武讲学授徒,传授军事学术,由其门徒耳受笔录,世代相传,最后在春秋战国期间逐渐地形成了这部丰富的、有比较完整的体系的兵法著作。

孙子与孔子出生在同一个时代,但是面对诸侯纷争,一个选择从内提高自身的修养,用思想教化民众；一个选择从外增强自身的实力，用谋略战胜敌手。因此后人说为人学孔子，处世学孙子。

孙子的处世智慧，主要表现在用谋上："运筹帷幄之中，决胜千里之外"，教人掌握未来的不可知；"不战而屈人之兵，善之善也"，教人用最小的代价取得最大的成果；"故善战者，致人而不致于人"，教人随时把握主动……

由于其深远的影响力，《孙子兵法》迄今已被译成英、法、德、俄等十几种文字，在世界各地广为流传，在日本甚至有一百多种研究《孙子兵法》的著作出版。如今，《孙子兵法》中军事家孙子处理战争的智慧已经被广泛运用于军事、政治、外交等各个方面，甚至被很多企业家用于企业管理和商场竞争。

# 神奇的发明家

鲁班是我国古代著名工匠,春秋末叶战国初期鲁国人。鲁班并非他的本名,《礼记》《战国策》《吕氏春秋》记载鲁班原名为公输班,《墨子·公输》记载鲁班原名为公输盘,《后汉书》记载鲁班原名为公输般等,历代文人称鲁班为公输子。因古时"般"和"班"同音且通用,他又是鲁国人(一说今曲阜人,另说滕州人),于是被后人称为鲁班或鲁般。到后来,鲁班流传最广,以致被人误认为是本名。

据学者考证，鲁班大约生于周敬王十三年（公元前507年），四十年后隐居于历山（今山东济南东南），卒于周贞定王二十五年（公元前444年）以后。

鲁班生于世代工匠的家庭，从小就跟随家人参加土木方面的劳动，在实践中积累了丰富的实战经验。他生活的春秋战国交替时期，正是社会从奴隶制向封建制转型的时期，许多从事手工业的奴隶被解放出来，成为独立的个体手工业者。这使得身为奴隶工匠的鲁班获得了四处游走的做工自由，他的工匠才艺也有了更大的发挥空间。

自古以来，鲁班在木工、建筑等方面的贡献传说，在民间广为流传，他被"金银铜铁锡、石木瓦雕漆"各行业的工匠奉为祖师爷。

鲁班在木工工具、机械和兵器制造方面都有很多发明创造，其中对后世影响最大的就是木工工具的发明。根据古籍的记载，锯子、墨斗、刨子，以及曲尺（又叫矩）、钻子、凿子、铲子等工具都是鲁班发明的。现在我们在家中看见这些工具已经稀松平常，但这在当时具有重大的历史价值。鲁班的发明将工匠们从繁重的劳动中解放出来，大大提高了工匠们的劳动效率。而每一件工具的发明，都是鲁班在生产实践中经过反复试验、刻苦钻研出来的。

鲁班发明锯的过程就很有代表性。传说，有一次，鲁班带着徒弟们上山采集木料。走着走着，鲁班来到了一个陡坡前，他要翻上这个陡坡就只能用手抓着上面的野草爬上去。就在他向上爬的时候，忽然觉得手被什么东西划了一下，等他来到坡上一看，长满老茧的手居然被划出一道口子，还渗出了血珠。他在周围仔细观察了一番，发现自己的手竟然是被一种野草划的。鲁班很惊奇，他摘了一片草叶，发现草叶边缘长着许多锋利的细齿。鲁班从中受到启发，心里豁然开朗。

他用毛竹做了一条竹片，上面刻了很多的锯齿。用它去拉树，只几下，树皮就破了，再一用力，树干就出现一条深沟。可是时间一长，竹片上的锯齿就钝了。什么东西比竹片更坚硬呢？鲁班想起了铁。他请铁匠照着自己做的竹片，打了带锯齿的铁条，这根铁条，就是锯的祖先。

鲁班发明的曲尺又叫鲁班尺，那么什么是"班母"和"班妻"呢？"班母"是指墨斗上的小钩子，"班妻"是指刨木料时卡主木头的木橛卡口。鲁班的母亲和妻子对他的发明创造帮助了很多。最初的墨斗没有钩子，鲁班每次使用都要请母亲拉住墨线的一头，后来母亲提议何不用个小钩子来钩住木头，这样鲁班一个人就可以独立操作了。木工们为了纪念鲁班的母亲，就称墨斗上的这个小钩子为"班母"。同样地，"班妻"也起源于鲁班刨木头的时候总让妻子扶着木料,后来就发明出了木橛卡口。

鲁班不仅是个出色的发明家,传说他的妻子也是个优秀的劳动者。在《玉屑》上有这样的故事,鲁班常年在外劳作,日晒雨淋,很是辛苦。他的妻子云氏见路边的亭子可以遮阳避雨,就发明了一个可以随身携带的"亭子"——伞,让鲁班每次外出的时候带上。

另外,《世本》记载,石磨也是鲁班发明的。他是看到一位老太太用石杵捣麦子受到的启发。老太太年老没有力气举起石杵,就把麦子放在石臼里,用手扶着石杵捣麦子,鲁班发现石臼里大部分麦粒都已经被捣成了面粉。后来,鲁班就找来两块石头,凿成两块圆石板,在每个石板上凿了一道道凹槽,并在其中一个石板侧边凿一个洞,安上木把。将两块石板合在一起,上面的凹槽相合。人或者牲畜转动木把,上面石板里的麦粒从洞里漏出来被碾成面粉，面粉就从两块石板缝中漏出来。

据《墨子·鲁问篇》记述，鲁班在楚国巡游时，受到楚王的厚待，为答谢楚王，就为楚军制造了攻城用的"云梯"和水战用的"钩强"（又名"钩拒"），楚军在这些工具的帮助下战无不胜。于是他向墨子炫耀他的"钩强"："我们水战有自己制造的钩强，不知道您提倡的'义'是不是也有钩强？"墨子答道："你用钩强来阻止别人，别人也会用钩强来阻止你，这样一来就互相残害。所以，我'义'的钩强胜过你的钩强。"鲁班听后哑口无言。

《墨子·鲁问篇》中还记载："公输子削竹木以为鹊，成而飞之，三日不下。"鲁班制作的木鸟，能够借助风力在空中连飞三天而不降落。这在今天看来未免有点夸张，但不难看出鲁班的工匠才艺和古人遨游天际的梦想。

除此之外,鲁班在建筑和雕刻方面的贡献也很多。《述异记》记载,鲁班在石头上刻制过立体的九州地图。还传说,鲁班还在石头上雕刻过栩栩如生的凤凰图。

鲁班为劳动人民的生产和生活发明了许许多多便利的工具,人们为了表达对鲁班的崇敬与热爱,将劳动人民的集体创造都赋予给鲁班,鲁班事实上是勤劳与智慧的化身。

## 夜观天象的秘密

春秋时期，随着生产力的发展，科学技术也随之得到了提高，如天文和历法等在此时即美得了很大的突破性发展。

我国天文学的初步体系即是在这一时期确立的。

在古代，由于农业发展和政权统治的需要，统治者历来十分重视天文学的发展。不仅周王室设有专职人员来进行天文立法的工作，其他诸侯国亦是如此，由此也出现了许多有名的天文学家，如鲁国的梓慎、晋国的卜偃、宋国的子韦等。

连年战争，水旱灾害多发是春秋时期的写照。天灾人祸，使人们难以过上安定祥和的日子，在此情况下，人们只好寄托于占星术，以寻求一些心理上的慰藉，这也因此促成了早期的天文家具备占星家的能力。他们通过星占学来观测和研究天象，不仅能预测出五星的运行轨迹，还能预测日食、月食将在何时发生。这一系列举动为积累天文资料和揭示天体运动都起到了很好的作用。

《春秋》一书中即记录了许多这一时期的天象观测结果，如它曾记录最早的一次日全食是发生在鲁隐公三年二月己巳（公元前720年2月22日），而西方的记录要比它晚了一百三十五年；它还记载了最早的陨石记录是在鲁僖公十六年，

"陨石于宋五"。而世界上最早记录天琴座流星雨的则见于《左传》"夏四月辛卯，夜恒星不见，夜中星陨如雨"（鲁庄公七年，即公元前687年3月16日）。

随着天文学的进一步发展，在充分的天文学资料积累上，以二十八星宿为代表的星象坐标体系得以在这一时期建立起来。把沿天球赤道或黄道附近的星象划分为二十八个不同的星区部分，每个部分即为一宿，二十八星宿即由此而来。其顺序分别为：东方七宿（苍龙）：角、亢、氐、房、心、尾、箕；北方七宿（玄武）：斗、牛、女、虚、危、室、壁；西方七宿（白虎）：奎、娄、胃、昴、毕、觜、参；南方七宿（朱雀）：井、鬼、柳、星、张、翼、轸。另外，《诗经》《夏小正》等书中记载了部分星宿的名称。

《左传》昭公元年载："昔高辛氏有二子，伯曰阏伯，季曰实沈……迁阏伯于商丘，主辰。商人是因，故辰为商星；迁实沈于大夏，主参。唐人是因，以服事夏商。"这里所说的辰、参是指商星和参星两个星座。由这一记载，可见当时的人们对星宿知识已有较普遍的认识。当时三垣、四象、和二十八星宿是常用的星象，我国古代的星区体系也由此得以形成和发展起来。

这一时期，人们在观察天体运行规律时，还得出了一些有关宇宙起源、结构以及演化的理论学说，这为后来天文学的发展打下了良好的基础。

除了天文学之外，春秋时期的历法也得到了很大的发展。

我国古代的历法很丰富，包括很多内容，如大、小月的安排，节气的安排和每月天数的安排等。设置历法的主要目的就是为了农事，方便人们的日常生产活动。因而，能否准确地、规律性地计算出节气的转换是评价一部历法好与坏的重要标准。我国春秋时期的历法就已经很先进，在世界上具有领先水平。春秋后期出现的"四分历"，就是这个时期的重要代表。

"四分历"是以365又四分之一日为一个回归年长度，在19个太阴年中加入7个闰月的办法所制成的一部历法。这里要指明的是，我国古代的历法最开始是阴阳合历，即阳历与阴历并用。所谓阳历，就是以太阳的运动周期所制定的历法；所谓阴历，又叫太阴历，就是以月亮的圆缺变化为根据所制定的历法。太阳运行一年被称为一个回归年，而月亮的朔望周期则是一个朔望月。我国所采用的这种阴阳合历最难办的一个问题就是如何安置闰月。

一个回归年的长度是365日多，而一个朔望月则是29天多，因而要想准确地设计出一部历法是需要很多智慧的。望朔月被分为29天和30天的大小月，如此一来，12个望朔月就是354天或者355天，一个回归年的长度要相差10天到11天。这样算来，三年之间就要相差一个望朔月还要多。古人通过经验总结，逐渐发现安插闰月的方法。

如果3年安插1个闰月，就会出现阴历时间比阳历时间少几日；如果8年安插3个闰月的话，又会出现阴历时间比阳历时间又多了几日，总之是不很准确。经过人们长年累月的积累，终于发现了在19个太阴年中加入7个闰月的办法，这样就与阳历19年的日子几乎相等。

根据《左传》中的记载，鲁国进行了两次冬至日的测定，分别是在鲁僖公五年（公元前655年）正月辛亥和鲁昭公二十年（公元前522年）二月己丑两次。这两次冬至日相隔了133年，从此就可以推算出春秋时期的鲁国就开始采用了19个太阴年加入7个闰月的办法来设定历法。虽然春秋时期，我国还没有制定出规则变化的历法，但"四分历"的出现足以显示春秋时期人们的高超智慧,而"四分历"采用的这种19个太阴年加入7个闰月的办法也一直在后世延续,是中国古代人民智慧的重要结晶。

## 尚法精神

正如孔子所说，这是一个"礼崩乐坏"的时代。春秋时期，随着生产力的发展，生产关系、土地制度也随之发生变革，伴随而来的是礼制的衰落和郡县制的兴起。政治、经济基础的变化，引起了思想文化领域的剧变。私学兴起、各种思潮纷纷涌现，形成了历史上"百家争鸣"的局面。

"百家争鸣"使这一时期的法律思想得到了

极大的发展，各派思想家就"礼治"和"法治"的问题展开了激烈的争论，其中以儒家、法家、道家为主要代表。

孔子是儒家法律思想的代表，他主张礼刑并用，试图通过自己的努力来挽救和维护传统的"礼治"。其法律思想的核心是"宽猛相济、一张一弛"。《论语·颜渊》中记载，季康子问政于孔子曰："如杀无道，以就有道，何如？"孔子对曰："子为政，焉用杀？子欲善而民善矣。"这一番对话包含了孔子对消灭犯罪与刑法的大胆设想。

这一时期法家的代表人物主要有管仲、子产、邓析等人。不同于儒家的保守，法家顺应时代的发展趋势，提出变革的主张，创立新的法令。作为法家的先驱，管仲等人主张"以法治国"，强调法律的规范性、公平性、公开性等，这一主张对后来法家思想的发展产生了十分深远的影响。

法律思想的不断发展,推动了法律制度的变革。春秋初期,西周的法律一直被各诸侯国沿用,各国皆采取习惯法的形式,即使有了新的法律形式如王命,也都是以不成文的形式表现出来。这在生产力不发达的情况下尚能适用,随着生产关系的不断变革,原有的法律体制就逐渐暴露出其不合理性。为适应新的社会需要,到了春秋中晚期,各国开始了由习惯法向成文法的巨大转变,其中又以郑国的"铸刑书"、邓析的"竹刑"和晋国的"铸刑鼎"活动最为突出。

据《左传》昭公六年记载:"三月,郑人铸刑书。"杜预注此为:"铸刑书于鼎,以为国之常法。"这是郑国执政大臣子产鉴于当时社会关系已发生巨大变化和旧礼制已被严重破坏的情况,做出的应对举措,史称"铸刑书",这也是中国历史上第一次公布成文法的活动。把法律条文铸在象征着国家权力的鼎上,既凸显出法律的尊严,也使法律在全国范围内得到有力的传播。

然而子产所铸的刑书,其具体内容现已无法详考,不过从《左传》中的一些记载可知,子产主张严刑峻法,这和后来的法家是一样的。

几十年后,郑国的大夫邓析总结当时各国的法律,编成刑书,并把它写在竹简上,即"竹刑"。"竹刑"因是邓析个人所做,因而起初并没有法律效力,后来,"郑驷歂杀邓析而用其竹刑","竹刑"才被执政者认可,成为官方的法律。"竹刑"较之"铸刑书"而言,具有携带方便和流传广等特点,因而在法律史上是一个很大的进步。

晋国在"铸刑鼎"活动之前已多次制定和修改过法律,如晋文公时期就曾制定过"被庐之法",晋景公时曾修改过晋国之法。虽然晋国此时已经有了成文的法律,但却都还没有公之于众。

公元前513年，在晋国发生了中国历史上第二次官方公布成文法的活动。《左传》记载："赵鞅、荀寅师师城汝滨，遂赋晋国一鼓铁，以铸刑鼎，著范宣子所为刑书焉。"即赵鞅等人把前任执政范宣子所编刑书正式铸于鼎上，公之于众，史称"铸刑鼎"。

春秋时期除郑国、晋国外，楚国也曾两次制定法律，分别是楚文王时制定的仆区之法和楚庄王时的茆门法。此外，楚国还设有《将遁之法》：楚发兵相戍，而将遁者诛。不及诛而死，"乃有桐棺三寸，加斧质其上，以殉于国"。

除此以外，宋国也进行了公布成文法的活动，史称"刑器械"，另外一些诸侯国为适应社会的发展需要，也都相应地公布了一些成文法。

春秋时期，由不成文法转变为成文法，在我国古代法制史上具有划时代的意义。首先，成文法的制定和公布,终结了法律高深神秘的状态,使法律得以公之于众;其次,成文法的公布,使新兴阶层的利益得到保障,从而推动了封建生产关系的发展和社会历史的前进步伐;再次,成文法公布后,礼制被法制所取代,这为后来法家立法打下了基础;最后,成文法的出现,适应了社会发展的需要,顺应了历史的潮流,在中国法制史上具有重大的意义。

# 微言大义,《春秋》说了什么

《春秋》被誉为中国最早的编年体史书,被列为儒家的重要典籍。《春秋》主要记载了从鲁隐公元年(公元前722年)到鲁哀公十四年(公元前481年)间的鲁国的历史,因而《春秋》这本书就是鲁国的编年史。《春秋》还有一个鲜为人知的名字《麟经》,《春秋》写作手法上词语简练,对历史事件的描写上言简意赅,全书共一万八千余字。

由于《春秋》语言精练的特点，便出现了对它进行诠释的作品，被称为"传"。最为著名的就是"春秋三传"，即《春秋左氏传》《春秋公羊传》和《春秋谷梁传》。

　　《春秋公羊传》是公羊高所著，《春秋谷梁传》是谷梁赤所著，这两本书都是在西汉初年写成。这两本书有一个共同特点就是力图阐述孔子的"微言大义"，诠释出孔子所辑《春秋》的真正意图。

　　《春秋左氏传》是春秋晚期的鲁国史官左丘明所著，此书又被称为《左传》《左氏春秋》。左丘明是与孔子同时代人，因而左丘明对于《春秋》的诠释势必要比后人更为准确和真实。而且，孔子对于左丘明的评价很高，两人的性情也十分相近，《论语·公冶长》中的记述就很好地证明了这一点："巧言、令色、足恭，左丘明耻之，丘亦耻之。匿怨而友其人，左丘明耻之，丘亦耻之。"孔子拿自己与左丘明同类并举，足见孔子对左丘明的看重。如此说来，《左传》才能真正体现孔子的真意。

作为史官的左丘明在诠释《春秋》的时候，充分重视了这本书的历史价值，在历史事件的描绘上加重了笔墨。左丘明尤为擅长叙事，在叙述历史事件时，条理清晰、内容翔实，使人们更好地了解了《春秋》中所提及的那些事件。此外，《左传》在刻画人物和记述辞令方面十分突出，描写人物时细致入微，而在描写人的辞令时又言辞巧妙、鞭辟入里。正是《左传》的这些特点，弥补了《春秋》作为史书的不足，同时《左传》在艺术表现力上也要比《春秋》更为优秀。

魏晋时期，人们开始在《春秋》的经文后面附上《春秋左氏传》《春秋公羊传》和《春秋谷梁传》的传文，现在人们所看到的多是三传。

对于孔子为什么要辑《春秋》，早在西汉的

司马迁就给人们带来了一种解释。《史记》中是这样描述孔子的动机的:"余闻董生曰:'周道衰废,孔子为鲁司寇,诸侯害之,大夫壅之。孔子知言之不用,道之不行也,是非二百四十二年之中,以为天下仪表,贬天子,退诸侯,讨大夫,以达王事而已矣。'子曰:'我欲载之空言,不如见之于行事之深切著明也。'"从司马迁的态度来看,孔子辑《春秋》是因为"周道衰微",诸事不行、道德不在,与其说一些没有用的说教,不如让真实的事件说话,以此警戒世人。

由此可见,孔子辑《春秋》的真正目的并不是要记述历史,而是要以历史上发生的诸多事件来警示世人,周礼已经不复,希望世人能够回归到周初的礼制之中。因而,孔子的倾向性已经十分明确,能够复归周礼的就是好的,反之就是坏的,这对于《春秋》的史学价值产生了重要的影响。我国著名学者胡适曾经这样评价过:"《春秋》那部书,只可当作孔门正名主义的参考书看,却不可当作一部模范的史书看……《春秋》的宗旨,不在记实事,只在写个人心中对实事的评判。"可以说,胡适一语道破了《春秋》的写作目的和内在价值。

《春秋》被大多数人认为是一部政治学著作。古往今来有不少人对《春秋》进行阐释,不断探求孔子的政治理想和执政理念,有人提出将《春秋》亦经亦史地来看待,这似乎更加契合孔子著书的本意,能够让人更好地来认识这部书、读懂这部书。《春秋》是中国文化典籍中的一件瑰宝,是值得后人不断研习和探索的一部经典。

# 思无邪，史上最清纯的诗

《诗经》也称为《诗》或《诗三百》。它是我国第一部诗歌总集，共收录了自西周初期至春秋中叶约五百年的诗歌三百零五篇。它开创了我国古代诗歌创作的现实主义风格，展现了中国周代时期的社会生活，将中国奴隶社会从兴盛到衰败时期的历史面貌呈现在读者面前。

《诗经》"六艺"指的是风、雅、颂、赋、比、兴。《周礼·春官大师》中记载："教六诗：

曰风、曰赋、曰比、曰兴、曰雅、曰颂。"所谓风、雅、颂，是指《诗经》按音乐划分的三个类别。

"风"即不同地区的地方音乐。"风"共一百六十篇，主要包括周南、召南、邶风、卫风、王风、魏风、秦风、豳风等，也称为十五国风，大部分是黄河流域的民歌。"风"是《诗经》中文学成就最高的部分，它源于最鲜明的百姓生活，其中有对美好或哀戚爱情的吟唱，也有表达游子征人对故土、家人的怀恋，更有对剥削压迫的怨叹与愤怒。

"雅"即周王朝直辖地区的音乐。"雅"包括小雅和大雅，共一百零五篇。除《小雅》中有少量民歌外，大部分是贵族文人为祭祀、饮宴等典礼所作的诗歌，内容主要是歌颂先代懿德、祈愿来年丰收等。

"颂"即宗庙祭祀时歌功颂德的舞曲歌辞。

《颂》诗又分为《周颂》三十一篇，《鲁颂》四篇，《商颂》五篇，共四十篇。全部都是贵族文人的作品。

所谓赋、比、兴，是《诗经》主要的表现手法。所谓"赋者，敷也，敷陈其事而直言之者也"，赋是对事物直接铺陈叙述，是《诗经》中最基本的表现手法。"比"就是"以彼物比此物"，包括明喻、暗喻等不同手法。"兴"，就是联想，触景生情，因物起兴，这种表现手法在《诗经》乃至大多数中国诗歌中都是比较独特的手法。

在赋、比、兴的交迭作用之下，《诗经》将春秋先民们的生活鲜活地展示在读者面前。《诗经》中的男男女女，出入宫闱家室，来往城门郊野，驰骋沙场猎场，奔走乡间山林，游玩河边原野，因而《诗经》中，既有"将仲子兮，无逾我墙"这样鲁莽生动的爱情，也有"女曰鸡鸣，士曰昧旦"这般充满情趣的婚姻生活,还有"君子于役,不知其期"这种对远方征人的彻骨思念,更有"心之忧矣,曷维其亡"这类斯人已逝,睹物思人的悲凉情怀。

从《野有蔓草》的一见钟情、私订终身,到《雄雉》中漫长无期却从未放弃的念念不忘和等待,再到《鹊巢》中步入婚姻殿堂,为爱筑巢的圆满幸福,及至《谷风》中女子被弃的哀怨凄苦,最终到《击鼓》中难觅归期的生离死别,《诗经》将所有人间情爱,无一遗漏地挨个演绎过去。喜、怒、哀、乐,莫不直白热烈,却也蕴藉深沉。

《诗经》的这份"乐而不淫,哀而不伤",来源于先民们原始天然的心性。在那个天地初立、民心尚未开化的时代,无论是下地耕作、上山砍樵,还是虔诚祭祀、合众狩猎,或是远行出征、淇水游玩,都是先民生活的一部分。《诗经》中每一场爱情的起、承、转、合,都与这些日常的风俗习惯息息相关。所以,先民们从不在自恋和自怜中将爱隔绝于现实,而是在原野、山川、河流边,在采摘、砍伐、游乐之中,尽情去享受爱情中的美丽,同时也尽力去承接爱情中的苦恼与伤害。

# 鬼斧神工《考工记》

《考工记》是我国古代重要的科技文献，作者、成书年代俱已不详。一般认为，这本书写于春秋末期战国初期的齐国，作为齐国的官书，出于稷下学宫的知识分子手中。

西汉时，河间献王刘德编著《周官》，缺《冬官·司空》篇，便选择用《考工记》补缺。后刘歆时把《周官》改为《周礼》，于是《考工记》也被称为《周礼·考工记》。

《考工记》是我国最早的手工技艺文献,虽然只有七千余字,但内容涉及广泛,包括先秦时代的制车、乐器、兵刃、钟磬、洗染、水利、建筑等方面的工艺技术。还有数学、物理、化学、生物、天文等自然科学知识。可以说是一部集理、工于一体的著作,在我国科技史、工艺史上占据重要地位。

另一方面,由于这本书被认为是齐国的官书,用来作为官府指导、监督科技工业发展的纲领性文件,体现了当时齐国对于上述领域的要求和行业标准,从中可以看出春秋战国时的社会生产力发展水平。

《考工记》虽然内容主要涉及理工领域,但是出自稷下学宫士人之手,因而文字优雅,语句顺畅,语约义丰,既具备科技书籍应当具有的严谨性和条理性,又具备一本先秦典籍所具有的文化底蕴和文学气息。

这本书的注释与研究具有多个角度，既可以从科学技术的层面切入；也可以从社会文化的层面切入，因此历代对《考工记》的研读层出不穷。汉代郑玄，唐代贾公彦，清代戴震、程瑶田等人都有论著。

20世纪以降，随着科学技术的飞速进步，考据学也随之带动发展，并产生了革命性的飞跃。利用考古实物和模拟实验，可以将古代典籍中记录的很多科技、工艺手段进行部分再现，让人们更加真实地领略古人的智慧和见识。

在思想内容方面，《考工记》既体现出了先民崇拜天意的精神，又反映了中华民族重视实际的特点。它把天下职业分为六类：一是执掌国家，深谋远虑的，是为王公；二是事必躬亲，为民父母的，是为大夫；三是审视建材方圆曲直，加以锻造的，是为百工；四是羁旅四方，供民所需的，是为商旅；五是埋首田间，辛劳耕作的，是为农夫；六是纺织丝麻，搬弄机杼的，是为妇功。并且认为工艺乃是天地精气共同铸就而成，人不过是因袭模仿。

《考工记》还将诸多工艺进行了进一步的细分，将同一行业的工匠进行了具体的分类，并加以定性。

难能可贵的一点是，《考工记》的作者已经初步认识到了生产力的重要性。书中特别强调生产工具的改进，仔细地列出了不同种类生产工具的制作加工方案，力图将当时最先进的工艺标准化。

文章对于具体工艺的描述可谓细致纤毫，充分体现出其作为指导性、纲领性文件的严谨认真，针对可能出现的不同情况，一一将应对方案列出。

在生产工序上，《考工记》可谓是高标准、严要求，将天时、地利、人和全部涵盖到了生产要素之中，虽然不无理想化色彩，但体现了古人对工艺生产的虔诚和严肃。文章还将不同的手法详细描述，给学习者以提高的空间。在制作标准执行上，《考工记》明确指出了什么样的残次品不能在市场上流通，体现了高度的负责精神。

《考工记》还创造性地提出了工程过程管理的理念，要求在施工时根据工人的普遍水平进行工期的预计，控制完成进度，将一切量化以提高效率。

虽然《考工记》是一本政府色彩浓厚的"官书"，但是它并没有"重官而轻民"，它指出，有一些诸侯国并没有设立部门专门制造某些物事，原因在于这些东西在民间生产，无论是质还是量都能够保证，所以没有必要再由官府专门生产，这就体现出了对民间工艺和民间经济活动的保留。

《考工记》非常深广，可以说是蕴含了先民

在农业生产、工业制造、科学技术、社会管理和思想文化等方面的存在状态，意义远远超越了一本科技工业指导手册的范畴，而是作为一部充满着智慧和艺术气息的经典而在中华民族的历史长河中流传。